KB197454

숏폼
콘텐츠 머니타이제이션

숏폼 콘텐츠 머니타이제이션

초판 1쇄 발행 2022년 8월 17일
초판 2쇄 발행 2022년 9월 7일

펴낸이 김용태
지은이 김용태 이승준 김소연

출판사업부문 더에스엠씨그룹
리드 김연지
연구 김은지 문다정
마케팅 이동욱 김영진 노은비

펴낸곳 작가출판

작가출판은 ㈜더에스엠씨그룹 단행본 사업부의 브랜드입니다.
작가의 이야기를 효과적으로 전달하고 독자의 효율적인 선택을 돕는
W2C(Writer 2 Consumer)를 지향합니다

출판등록 2011년 3월 30일 제 2021-000024호
주소 서울특별시 강남구 선릉로 648, 7층
대표전화 02-816-9799 **팩스** 02-6499-1023 **이메일** info@thesmc.co.kr

ISBN 979-11-975704-1-4

숏폼
SHORT FORM CONTENT MONETIZATION

콘텐츠 머니타이제이션

더에스엠씨 콘텐츠연구소 김용태 이승준 김소연

짧은 콘텐츠는 어떻게 비즈니스 모델이 되는가

작가
출판

더에스엠씨그룹(The SMC Group)은 디지털 콘텐츠 사업 전반에 효율적인 마케팅 솔루션을 제공하는 뉴미디어 종합 기업입니다.

더에스엠씨 콘텐츠연구소(The SMC Content Lab)는 뉴미디어 플랫폼과 마케팅 트렌드를 연구하는 콘텐츠 컨설턴트입니다.

추천사

이 책은 숏폼에 관해 플랫폼별 구체적인 콘셉트와 특징, 실행 방안을 아주 일목요연하게 정리해 놓은 전략서다. 창작자이면서 판매자가 될 수 있는 크리에이터, 영향력을 키우고 싶은 브랜드 매니저, 숏폼 콘텐츠와 숏폼 미디어 플랫폼에 대한 확실한 솔루션을 찾고 싶은 에이전시에 더할 나위 없이 좋은 지침서가 될 것이다.

- 김낙회 한국광고총연합회 회장

비즈니스의 미래는 디지털에 달려있다. 디지털을 이해하는 기업은 획기적인 성장을 이룩했고, 디지털을 기반으로 비즈니스 전략을 수립한 경영자는 성공적인 변혁을 이뤘다. 그렇다면 현재 디지털이 가리키는 방향은 어디인가. 이 책은 '숏폼'으로 일컬어지는 짧은 동영상이라 말한다. 소셜 미디어로 일어선 기업답게, 과거에 효과적이었던 방법에 의존하기보다는 새로운 성과로 연결될 만한 전략을 제시한다.

- 김상훈 서울대학교 경영대학(원)장

유튜브에 대해 깊이 고민하고 좋은 사례들을 만들었던 더에스엠씨그룹, 이번에는 숏폼에 대한 전략을 제시했다. 이 책의 독자들을 통해 유튜브 쇼츠를 비롯한 숏폼 플랫폼에서 소비자에게 도움이 되는 마케팅, 비즈니스 목표를 달성하는 마케팅 사례가 많이 나오길 응원한다.

– 김경훈 구글코리아 사장

창업 후 업계 최전선에서 급변하는 디지털 콘텐츠 환경과 함께한지 10년이 훌쩍 넘었음에도, 여전히 트렌드의 맥을 정확히 짚어주고 있는 뇌섹남 김용태 대표. 이 책을 통해 단순한 콘텐츠 소비를 넘어 숏폼의 사업적 확장과 그 핵심을 맛있게 소개하고 있다. 누구나 알고는 있지만, 섣불리 전문가라 부르기 어려운 영역인 숏폼을 쉽게 이해할 수 있도록 돕는 모바일 콘텐츠 마케팅 필독서.

– 최석 딜리버리히어로 부사장

영상 콘텐츠가 각광을 받게 된 것은 모바일 폰의 보급과 유튜브의 영향이 컸다. 또 시장의 주 소비계층이 MZ세대가 되면서 영상 형식도 틱톡, 유튜브 쇼츠, 인스타그램 릴스로 대표되는 숏폼이라는 창의적 접근 공간이 생겨났다. 이 책은 MZ세대로서 김용태 대표의 젊은 감각과 인사이트를 바탕으로 숏폼의 의미와 특성, 마케팅 전략, 비즈니스 모델로서 가치 등을 많은 실전 경험과 데이터를 통해 풀어냈다. PR이나 광고, 디지털 영역에서 콘텐츠 기획을 하는 전문가나 학생들에게 유용한 지침서가 될 것으로 생각한다.

– 김주호 KPR 사장·한국PR협회 제26대 회장

이 책은 가상공간의 확장과 SNS의 발전으로 급격히 변화하는 미래 흐름을 꿰뚫어 볼 수 있게 한다. 가치관과 사회적 관계의 급격한 변화를 마케팅 관점에서 효과적으로 정리했기 때문이다. 미래는 콘텐츠의 시대임이 틀림없다.

– 이장우 세계문화산업포럼 의장·경북대학교 경영학부 명예교수

넘실대는 콘텐츠 속에서 '숏폼'에 대한 리터러시literacy를 갖추는 일에 고민이 든다면, 이 책을 꼭 일독하길 권장한다. 왜 숏폼에 주목해야 하는지, 어떻게 하면 숏폼을 이해할 수 있는지에 대한 가장 친절한 분석이 담겨있다. 책을 읽고 다시금 숏폼 콘텐츠를 들여다보면 놀랍도록 신장된 독해 능력을 갖춘 스스로를 발견할 수 있을 것이다.

— 천민규 샌드박스네트워크 파트너십 기획팀 리더

이른바 숏폼영상의 시대다. 콘텐츠의 홍수 속, 짧은 영상으로 세상을 이해하고, 생각을 표현하는 것은 MZ세대에게 이제 놀이이자 일상이다. 이 책은 틱톡이 촉발하고 인스타 릴스와 유튜브 숏츠가 가세하며 열어가는 새로운 SNS 시대, 마케터들에게 사막에서 길을 알려주는 별과 같은 책이다.

— 허태윤 한신대학교 IT영상콘텐츠학과 교수·애드아시아 서울 사무총장

지난해 선보인 더에스엠씨 콘텐츠연구소의 '콘텐츠 머니타이제이션'은 기자이자 학자로서 매우 인상적이었다. 디지털과 콘텐츠의 절묘한 결합을 고민하던 경영자에게 구체적인 수익모델을 제시했기 때문이다. 이번엔 '숏폼'으로 전략을 좀 더 구체화했다. 김용태 소장의 말대로 숏폼은 소셜 미디어 정체기를 극복할 무기가 될 수 있다. 이 책은 숏폼을 어떻게 활용할 것인가에 대한 탄탄한 지침서가 될 것이다.

– 명순영 매경이코노미 차장·한양대학교 경영대학 겸임교수

이 책은 숏폼의 가치를 확장시킨다. 숏폼은 단순히 짧은 길이의 콘텐츠라는 사전적 의미를 넘어섰다. 실제로 시대가 콘텐츠를 소비하는 양식의 변화이며 시장, 사회, 기치관, 관계 등 전 분야에 영향을 미치는 거대한 물결이 되고 있다. 그동안 숏폼 마케팅에 집중하고 의미 있는 결과를 만들어 온 더에스엠씨그룹. 몰입의 산물인 이 책은 콘텐츠 크리에이터로 살아가는 모든 이들의 성장을 가져다줄 관점을 제시할 것이다.

– 박현우 이노레드 대표

6년 전 김용태 대표를 처음 만났을 때 '세상에 이런 분도 계시구나'라고 놀라웠던 경험을 했다. 눈 앞에 놓은 A4용지에 뉴미디어의 흐름을 까맣게 채워 넣는 모습이 선명하다. 당신은 단연코 이 책 한 권을 통해 숏폼의 흐름을 완벽하게 간파할 것이다.

– 이해인 소셜링·오버컴퍼니 대표

사람들은 빠르고 짧은 핵심만 전달받길 원한다. 이 책은 여러분의 시행착오를 줄이고 새로운 기회를 안겨 줄 것이다. 아직도 망설이는가? 15초면 충분하다. 이제 숏폼은 선택이 아닌 필수다.

– 차민승 윗유 COO & 차재승 윗유 CEO

이른바 '숏확행' 시대다. 숏폼 콘텐츠의 성장세와 파급력은 그야말로 상상 이상이다. 이 책은 '15초의 마법'을 통해 고객을 어떻게 사로잡을지 가장 효율적인 노하우를 알려주는 안내서가 될 것이다.

– 유윤정 조선비즈 생활경제부장

더에스엠씨그룹의 초기 시절부터 지금까지 성장을 누구보다 가까이서 지켜본 사람으로서 김용태 대표가 가지고 있는 엄청난 연구력과 열정은 참으로 대단하다. 숏폼 콘텐츠는 MZ세대를 잡기 위한 모든 기업에게 너무나 중요한 마케팅 요소가 되어있기 때문에 기업의 마케터들에게 이에 관한 깊이 있는 지식과 운영법을 알려주는 책이 필요했다. 이 책은 적절한 시기에 현업에 필요한 지식과 유용한 많은 팁을 던져주고 있다. 지난번 베스트셀러에 이어 또다시 많은 사랑을 받을 것이다.

– 강형근 HK&Company 대표 · 前 아디다스코리아 부사장

이 책은 '숏폼이 왜 잘 될까?'라는 근본적인 질문부터 시작한다. 연이은 질문들 속에서 트렌드를 읽는 전문가들의 혜안을 볼 수 있다. 숏폼 콘텐츠에 대한 명확하고 확실한 하우-투를 공유하면서, 변화에 대응하는 전략을 생각해 보게 하는 책.

– 김이동 삼정KPMG 부대표

숏폼의 부상, 그리고 그 영향력에 대한 깊은 이해와 활용이 담긴 보기 드문 책이다. 그동안 소셜미디어 종합 콘텐츠를 주도해왔던 더에스엠씨그룹과 그 안에서 중추적인 역할을 해온 김용태 대표만이 제공할 수 있는 통찰력과 깊이가 있는 저서라고 생각된다. 이 책을 읽는 동안 숏폼 플랫폼 등장의 배경부터 이에 대한 트렌드와 관련 마케팅 기법을 접하며 흥미로운 스토리텔링에 매료되고 영업 기밀을 전수받는 듯한 몰입감을 갖게 된다. 숏폼 콘텐츠의 등장을 그저 흥미롭게 바라보던 독자조차도 곧 지대한 관심을 보일 것이다. 숏폼을 통하여 타인과 새로운 방식으로 연결하고 싶은 일반인, 본인을 피력하고 싶은 전문가나 취업생, 시청자와 보다 의미 있는 커넥션을 추구하는 인플루언서, 새로운 세대와 더불어 인상 깊은 마케팅과 광고를 원하는 전문가, 숏폼 플랫폼과 마케팅을 이해하고 싶은 학자 그리고 새로운 비즈니스 모델을 추구하는 기업의 실무자까지. 다양한 층의 독자들이 숏폼과 함께 부상할 수 있는 결정적 계기가 될 수 있는 책!

– 이정연 서울대학교 경영대학(원) 교수

당신에겐 이 책이 필요합니다

- ☐ 숏폼 콘텐츠를 즐기는 사용자
- ☐ 뉴미디어 플랫폼이 궁금한 비전공자
- ☐ 마케터를 꿈꾸는 취업 준비생
- ☐ 갓 입사한 주니어 마케터
- ☐ 요즘 세대를 공부 중인 시니어
- ☐ 자신이 곧 브랜드인 인플루언서

들어가는 글

    비행기가 이륙 후 상승해 조종사가 계획한 노선에 이른 상태를 순항이라고 합니다. 고도나 속도를 바꿀 필요 없이 안정적인 수평 비행. 일정 시간 순항한 비행기는 목표 지점에 다다르면 연착륙을 합니다. 날아오르고 천천히 내려오는 흠잡을 데 없이 안정적인 운항입니다.

    디지털에는 연착륙이 없습니다. 끝없이 상승하는 듯하다가 금세 추락하는 모양새가 돼 고꾸라집니다. 그래서 이 업계에서는 순항이라는 단어가 위험합니다. 소셜 미디어 사용자가 늘고 유통되는 콘텐츠가 쏟아지며 당장의 지표가 호조를 보여도, 정세를 뒤바꾸지 못한 채 난다면 순항은 곧 정체기와 다름없습니다.

지금 소셜 미디어 시장이 그렇습니다. 콘텐츠 공급이 수요를 따라잡지 못하고, 트래픽이 한곳에 고여 있습니다. 많은 기업이 소셜 미디어 트렌드에 탑승하고는 있지만 확장할 대로 확장해버린 광고 마케팅 시장을 제대로 활용하고 있는지 의문입니다. 산업 내 위상과 상업적 지속성을 유지하려고는 하지만 새로운 비즈니스 모델을 개척하는 데는 소극적입니다.

그러던 와중 틱톡을 시작으로 숏폼이라는 새로운 콘텐츠 형식이 등장했습니다. 인스타그램에 릴스가 생기고 유튜브에 쇼츠라는 탭이 생긴 게 뭐 그렇게 별거냐 싶겠지만, 플랫폼 개혁이 주는 변화는 상당합니다. 우선 고여 있던 소셜 미디어 트래픽이 순환하고 있습니다. 하나의 소스를 다양하게 편집할 수 있으니, 사용자가 '본 거 또 보는' 일이 줄어들고 흥미도 높아졌습니다. 여기에 광고 마케팅의 비즈니스 모델이 확장됐습니다. 인스타그램 광고를 기획하더라도 이미지 콘텐츠 외에 24시간 후 사라지는 '스토리'나 스토리를 프로필에 고정하는 '하이라이트', 그리고 릴스 등 선택지가 늘어난 것이죠. 물론 저마다 적합한 콘텐츠 형식도 다양해졌습니다.

다시 처음으로 돌아갑시다. 숏폼은 소셜 미디어의 정체기를 극복할 새로운 모멘텀이 될 수 있습니다. 이 책은 이러한 가정을 증명하는 과정에서 계속해서 질문을 던집니다. 다음 장은 '숏폼은 왜 잘될까'라는 근본적인 화두로 문을 엽니다. 1부에서는 사회, 가치관, 관계, 콘텐츠, 소비라는 다섯 가지 현상을 키워드로 분석했습니다. 소셜 미디어를 경험한 누구나 공감할 수 있으며, 소비와 공급 두 가지 관점을 관통합니다. 2부에서는 플랫폼에 대해 기능적으로 접근합니다. 디지털 마케팅을 전문으로 하거나 고민하는 업계 실무자에게 가장 명확하고 확실한 하우-투를 공유합니다. 마지막 3부에서는 각자가 생각하는 답을 나누는 대담 시간을 마련했습니다. 이 책이 숏폼을 어떻게 활용할 것인가에 대한 답을 찾아가는 안내서가 되길 바랍니다.

더에스엠씨그룹 대표이사 · 더에스엠씨 콘텐츠연구소 소장

김용태

차 례

Prologue

숏폼
Short-form

▶

소셜 미디어에서 제작되거나 원본을 가공한 뒤
유통되는 1분 내외의 짧은 영상

1

왜 숏폼인가

Why Short-form

숏폼은 직역하면 짧은 영상이지만, '짧음'에 대한 기준은 제각각입니다. 2000년대 초반 커뮤니티를 중심으로 인기를 끈 gif 파일 형식의 애니메이션부터 단편 영화나 드라마까지 다양한 범주를 아우릅니다. 하지만 숏폼이 형식으로 분류되기 시작한 것은 소셜 미디어를 통해 1분가량의 영상이 활발하게 공유되면서부터입니다. 이를 논하려면 먼저 숏폼이 어떻게 발전해왔으며 왜 더 발전할 것인지에 대해 이해해야 합니다.

사용자: 시청자에서 참여자로

영상이 갖는 힘은 굉장합니다. 텍스트나 이미지보다 훨씬 더 다양하고 다채로운 방식으로 콘텐츠를 생산할 수 있습니다. 시각과 청각을 자극해 사용자가 콘텐츠에 완전히 몰입할 수 있는 최적의 매체이기도 하고요. 특히 디지털 영상 콘텐츠는 유통 방식에 따라 광범위하게 확산될 수 있기에 파급력이 막강합니다.

영상 콘텐츠의 침투력은 나날이 강해지고 있습니다. 단순한 엔터테인먼트 이상의 목적을 갖고, 새로운 이유로 영상에 의존하는 인구가 점점 더 늘어나고 있기 때문입니다. 여기에는 사회적인 이유가 있습니다. 여러 이유로 비대면이 일상화됨에 따라, 단체 생활이 최소화되고 타인과의 교류가 줄어들었습니다. 아주 근본적인 사교 욕구를 채우지 못하면 결핍이 생기기 마련인데, 영상이 그 빈자리를 채웁니다. 소셜 미디어 사용자라면 실시간으로 영상을 시청하면서 '함께'라는 유대감을 나누고 '우리'라는 소속감을 강화할 수 있기 때문이죠. 언제 anytime 어디서든 anywhere 을 넘어 지금 now 이곳에서 right here 가 가능해진 겁니다. 유튜브나 인스타그램에서 실시간 스트리밍 영상이 폭발적으로 늘어난 이유도 같은 맥락입니다.

사용자가 시청으로만 유대감을 구축하는 건 아닙니다. 이들은 좋아하는 크리에이터와 대화를 나누고, 챌린지에 참여하며 직접 크리에이터가 되기도 합니다. 특별한 사건이나 멋진 공간이 아니더라도 자신의 모습을 거리낌 없이 영상에 담습니다. 어차피 사적인 영역과 공적인 영역의 경계가 허물어졌고, 대외적으로 꾸며낸 자신을 보여줘야 한다는 부담감에서 탈피한 겁니다. 이런 현상은 사용자들의 다양한 필요에 의해서 가속화되며 어엿한 문화로 자리 잡아가고 있습니다.

시간: 짧고 간략하게

여러분이 한 콘텐츠에 집중하는 시간은 얼마나 되나요? 마이크로소프트의 연구 결과에 따르면 소비자는 한 번에 8~12초가량의 집중력을 보인다고 합니다. 생각보다 짧은 것 같지만, 스마트폰을 떠올리면 고개가 끄덕여집니다. TV 시대에서 PC 시대로 넘어오면서 조금 더 가벼운 콘텐츠 소비가 가능해졌고, 스마트폰의 발전으로 '모바일 온리'^{mobile only} 세상이 열렸습니다. 우린 업무를 하거나 이동하면서도 짬을 내어 9:16의 세로형 화면을 응시합니다. 모바일이 탄생했을 때부터 긴 시간을 내거나 집중하지 않아도 볼 수 있는 짧은 양식의 콘텐츠에 대한 수요가 예견된 거나 다름없습니다.

구글이 한국을 포함한 10여 개국의 사용자 1만 2,000명을 조사한 자료에 따르면, 모든 세대에서 장편의 영화나 드라마보다는 웹드라마, 튜토리얼, 하이라이트 클립과 같은 형식의 짧은 콘텐츠를 찾는 경향이 계속해서 증가하고 있습니다. 특히 Z세대의 경우에는 절반 이상이 긴 분량보다는 짧은 분량을 선호한다고 밝혔는데요. 이들이 이렇게 답한 이유 중 하나는 콘텐츠가 짧을수록 '보는 것'뿐 아니라 '만드는 것'도 쉽다는 데 있습니다. 전문가의 손길이 닿은 높은 퀄리티의 영상보다는 나도 만들 수 있는 쉽고 간단한 영상이 접근성이 더 좋기 때문이죠. 진정성 있고 공감할 수 있는 영상에 대한 선호도가 높기도 하고요.

플랫폼: 콘텐츠 '찍먹' 하기

영상을 짧게 여러 번 '찍어 먹는' 방식에 맞춰 플랫폼도 진화했습니다. 한번 유입된 사용자가 쉬이 이탈하지 못하도록 지루할 틈을 주지 않는 전략인데요. 현재 대부분의 숏폼 플랫폼은 하나의 영상을 재생하면 사용자가 따로 선택하지 않아도 다음 영상이 재생되는 자동 플레이 기능을 제공합니다. 그만큼 빠르게 영상을 제공하기 때문에 사용자 입장에서는 더 많은 노출 기회를 얻게 되는 거죠. 이는 곧 더 많은 콘텐츠 유통과 생산으로 이어집니다. 단적인 예를 들어보겠습니다. 틱톡 사용자의 일평균 사용 시간이 한 시간 19분이라고 할 때, 15초 분량의 영상을 무려 315편 보게 됩니다. 스와이프 한 번으로 영상을 넘길 수 있다는 걸 고려하면 사실상 10초 안팎으로 영상을 보는 경우가 더 많을 테니 사실상 1일 시청 영상은 400편에 가까울 겁니다.

이는 또한 트렌드 형성에 도움이 됩니다. 다수의 콘텐츠가 빠르게 확산되기 때문에 무엇이 트렌드인지를 파악하고 객관화하기 쉬우니까요. 앞서 많은 사용자가 크리에이터로 활동하게 된 배경에 대해 설명했는데요. 크리에이터라는 범주가 확장된 데에는 누구나 트렌드를 알고 쓸 수 있는 플랫폼의 영향도 컸습니다. 실제로 크리에이터의 수는 숏폼 플랫폼이 공식 출범한 뒤 증가했으며, 플랫폼에서도 이를 적극 활용하여 크리에이터를 양성하고 있습니다. 2021년 12월 기준 틱톡에 생성되는 영상 수는 월평균 1,050만 개. 같은 기간 MAU[1]가 660만이라는 것을 고려하면, 사용자 한 명당 월 1.6개의 영상을 올린다고 볼 수 있습니다. 사용자와 플랫폼의 상생 관계가 숏폼이라는 거대한 시장의 성장으로 이어진다는 거죠.

■ **시청과 참여로 본 숏폼 콘텐츠**

	시청자	크리에이터
영상 콘텐츠	높은 몰입도	콘셉트 선정 용이
짧은 분량	가벼운 시청	쉬운 제작
자동 플레이	빠른 감상	노출 기회 확보
트렌드	파악	적용

---

1 Monthly Active Users, 한 달 동안 해당 서비스를 이용한 순수한 사용자 수를 나타내는 지표.

2

3대 숏폼 플랫폼

The Three Short-form Platforms

소셜 미디어 콘텐츠는 순환합니다. 매분 매초 새로운 콘텐츠가 무대에 오르고 일부
는 막을 내립니다. 가끔은 생명력이 다한 줄 알았던 옛것이 조명받고 대세라고 여겼
던 것이 외면받지만, 필연적인 흐름을 거스르지는 못합니다. 숏폼이 그렇습니다. 모
바일 환경과 미디어 사용자의 세대교체로 인한 숏폼 플랫폼의 부상은 필연적입니
다. 하지만 수단을 안다고 모두가 돈을 벌지는 못합니다. 숏폼으로 하는 콘텐츠 머
니타이제이션, 핵심은 플랫폼을 이해하는 데 있습니다.

"재밌다. 그런데 이걸로 뭘 하지?"

2010년대를 전후로 미국에서 새로운 패러다임을 낳은 스냅챗 Snapchat 의 인기를 확인한 기업들이 숏폼 플랫폼 사업에 뛰어들었습니다. 2013년 트위터는 4~10초의 짧은 영상을 찍어 공유할 수 있는 바인 Vine 을 서비스했습니다. 2015년 미국의 버라이즌 Verizon 에서는 'Go90'을, 2016년 프랑스의 비방디 Vivendi 에서는 'Studio+'라는 프리미엄 숏폼 플랫폼을 론칭했습니다. 하지

■ 3대 숏폼 플랫폼

	틱톡	인스타그램 릴스	유튜브 쇼츠
주 영상 길이	15초~10분	15초~90분	30초~1분
콘텐츠 노출 방식	모바일 앱 전체	앱 내 별도 탭 제공	앱 내 별도 탭 제공
	시청자가 선택하지 않아도 자동 재생		
대표 광고 상품	탑뷰 광고, 피드 광고, 해시태그 챌린지	릴스 피드 광고	ACi
검색 가능성	가능	부분적 가능	제한적 가능
국내 MAU *닐슨코리아 (2022년 2월, Android)	270만	1,305만	3,141만

※2022년 6월 업데이트 기준

만 2018년이 되자 이러한 플랫폼들은 모두 자취를 감추었고, 2018년에는 페이스북의 자체 숏폼 플랫폼 라쏘**Lasso**마저 2년이 채 되지 않아 서비스를 중단했습니다. 하지만 2020년대에 들어 시장의 냉소가 환호로 바뀌었습니다. 사용자의 니즈를 파악하고 새로운 비즈니스 모델을 제시한 숏폼 플랫폼의 힘, 지금 알아가도 늦지 않습니다.

틱톡

경쾌한 음표 로고가 새겨진 틱톡 앱을 눌러보세요. 별도의 탭을 터치하지 않아도 곧바로 콘텐츠가 노출됩니다. 그 어떤 플랫폼보다 숏폼의 정체성이 뚜렷한 플랫폼이죠. 틱톡의 운영 방식은 '판 플레이'라는 단어로 정리할 수 있습니다. 사용자가 자유롭게 플레이할 수 있도록 판을 깔아놓는 데 일가견이 있기 때문이죠.

틱톡은 탐색 탭을 통해 매주 인기 있는 해시태그를 노출하여 더 많은 사용자가 자발적으로 챌린지에 참여하도록 유도합니다. 또한 주요 사용자인 Z세대의 놀이를 빠르게 흡수하고 이를 시즈널^{seasonal} 이벤트로 적극 활용하죠. 예를 들어 댄스 서바이벌 프로그램이 유행할 때에는 최근 회차에 삽입된 경연곡 댄스 챌린지를, 크리스마스나 핼러윈에는 커스텀 챌린지를 노출하는 방식입니다.

유통되는 콘텐츠 양이 많기 때문에 이를 분류하는 기준도 잘 마련되어 있는데요. 탐색 화면에서는 인기, 사용자, 동영상, 사운드, 라이브, 해시태그 등의 요소를 통해 원하는 콘텐츠를 쉽게 찾을 수 있도록 했습니다. 필터 기능을 사용하면 '7일 이내 시청한 동영상'과 '좋아요를 표시한 동영상'을 구분하여 확인할 수 있기 때문에 개인의 목적에 맞는 콘텐츠를 찾기가 쉽습니다. 실제로 많은 Z세대가 포털 사이트 대신 틱톡을 검색 툴로 활용하고 있습니다. 내가 가장 잘 사용하는 틱톡이야말로 내가 필요로 하는 정보를 잘 찾아줄 거라는 믿음 때문이죠.

TO BE 엔터테인먼트 콘텐츠 커머스

엔터테인먼트로 구분되던 틱톡의 움직임이 심상치 않습니다. 틱톡은 2021년 10월 이커머스 플랫폼 티몬과 손잡고 라이브 커머스 시장으로의 진출을 선언했습니다. 티몬이 커머스에 필요한 인프라를 제공하면 틱톡이 전문 크리에이터를 육성하고 콘텐츠 제작을 지원하는 협약을 체결한 겁니다. 라이브 커머스 제작 스타트업 쇼플과의 협약도 같은 맥락입니다. 라이브 커머스 '비슷한 것'을 하겠다는 게 아니라, 작정하고 시장에 뛰어든 거죠.

'챌린지로 잘나가던 틱톡이 왜 굳이?'라는 의문이 든다면, 중국판 틱톡인 '더우인'抖音의 성공 사례를 살펴보면 됩니다. 더우인은 일찍이 인플루언서를 내세운 라이브 커머스를 서비스해 엄청난 성공을 이루었습니다. 2021년 5월 더우인 뷰티 제품 판매량 순위에서 1위를 기록한 국내 브랜드 설화수가 1억 3,000만 위안(한화 약 241억 원)의 매출을 거뒀을 정도입니다.

더우인은 라이브 커머스뿐 아니라 소비자가 직접 브랜드를 체험할 수 있는 브랜드존을 구축하고, 알고리즘을 기반으로 한 제품까지 제공하고 있습니다. 최근에는 위챗페이나 알리페이 외에 자체 결제 시스템인 더우인페이를 정식으로 추가하기에 이르렀습니다. 우리로 치면 카카오페이나 네이버페이 대신 '틱톡페이'가 생긴 셈입니다. 플랫폼 내에서 소비자가 제품을 선택하기까지 거치는 인지, 탐색, 구매 등의 모든 과정이 한 번에 이루어지도록 시스템을 구축한 것인데요. 이쯤 되면 엔터테인먼트뿐만 아니라 '콘텐츠 커머스 플랫폼'이란 수식어를 붙여도 될 법합니다.

앞서 언급한 더우인의 선례만 봐도 틱톡의 시도는 제품을 판매하려는 브랜드들에게 기회가 될 수 있습니다. 소비자와의 접점을 넓혔고, 구매 전환 가능성도 충분해 보이니까요. 물론 플랫폼 사용자 대부분의 목적이 여전히 엔터테인먼트라는 것은 차별점이자 한계점일 수 있습니다. 오브젝티브 커머스[2]가 이루어지는 퍼블릭 커머스 플랫폼[3]이 라이브 커머스를 도입했고, 그 경쟁에서 살아남을 수 있는가는 앞으로 지켜봐야 합니다. 국내에서도 네이버 쇼핑 라이브가 빠르게 성장 중이며, 라이브 커머스 플랫폼 그립Grip을 인수한 카카오는 중소상공인 시장에서 영역을 확장해갈 것이라고 밝힌 바 있습니다.

인스타그램 릴스

인스타그램은 2018년부터 모바일 화면을 꽉 채우는 세로형 영상의 가능성에 주목했습니다. 최대 한 시간 길이의 영상을

---

2 Objective commerce, 목적형 구매.
3 Public commerce platform, 소비재 시장 전반의 제품을 취급하는 이커머스 플랫폼.

올릴 수 있는 IGTV를 선보이며, 이미지 중심 플랫폼이라는 공식을 깨고 나선 건데요. 모바일을 통한 영상 소비가 증가함에 따라 IGTV가 새로운 세대의 TV로 기능할 수 있다고 본 겁니다. IGTV의 심벌 아이콘이 TV 모양을 하고 있는 것도 이 때문입니다. 2022년 인스타그램은 IGTV 서비스 종료 후 별도의 크리에이티브 앱을 없앴습니다. 하이퍼랩스와 부메랑 앱을 앱스토어에서 삭제하고 사용자가 인스타그램 안에서 콘텐츠를 만들도록 했죠. '영상의 통합'이라는 변화 뒤에는 릴스가 있습니다.

2021년 2월 인스타그램 릴스가 화려하게 데뷔했습니다. 여기서 '화려하게'는 인스타그램의 말을 빌린 것인데, 릴스에 대한 애정과 포부를 짐작할 수 있는 표현입니다. 실제로 인스타그램은 플랫폼 내에 별도로 릴스 탭을 마련했을 뿐 아니라, 검색 또는 피드 화면 중 일부를 릴스 콘텐츠에 할애해 사용자에게 노출되는 빈도를 최대한으로 높였습니다. 인스타그램 내에서 릴스로 촬영되지 않더라도 특정 길이 이하의 영상은 릴스로 분류되며, 팔로우나 팔로잉과 상관없이 탭을 통해 노출됩니다.

초창기 콘텐츠 큐레이션 플랫폼에 가까웠던 릴스는 틱톡과 큰 차이가 없었습니다. 틱톡커라 불리는 인플루언서가 이전한

'틱톡커블' 콘텐츠가 비슷하게 유행하는 듯 보였죠. 최근의 분위기는 사뭇 다릅니다. 변화는 릴스가 '인스타그래머블'한 옷을 입기 시작하면서부터 일어났습니다. 인스타그램 특유의 감성은 사용자가 직접 만든 AR 필터에서 뚜렷하게 드러납니다. 누구나 필터를 제작하고 유통할 수 있기에 사용자가 선호하는 분위기나 유형을 곧바로 확인할 수 있다는 특징이 있습니다. 노이즈가 들어가 필름 카메라 효과를 내는 '그레인 필터'나 얼굴 전체에 반짝이 효과를 내는 '마스크 필터' 등이 그 예입니다.

TO BE 알고리즘 마케팅 플랫폼

기능적 측면에서 보면 인스타그램은 홍보, 광고 및 판매 등 상업적 활용성을 염두에 두고 플랫폼을 설계한 상업 지향적인 소셜 미디어입니다. 메시지 간 전달 방식이 매우 유연하며, 로열 오디언스loyal audience(충성도 높은 고객)의 비율도 높습니다. 이는 곧 브랜드 보이스가 사용자의 구매행동에 강력한 영향을 미칠 수 있음을 보여줍니다.

최근 모 기업인 메타가 애플의 개인 정보 보호 정책 변경에 따른 맞춤형 광고 수익 저하로 고전하자, CEO인 마크 저커버그Mark Zuckerberg는 릴스를 기반으로 한 '수익화'에 집중하겠다고 선언했습니다. 그의 발표문에서 크게 세 가지의 인사이트를 얻을 수 있습니다. 첫째, 메타의 AI 추천 시스템이 개인 정보에 의존했던 기존 광고 시스템에 대안이 될 겁니다. AI 알고리즘을 기반으로 사용자별 적합한 콘텐츠를 추천할 수 있도록 해 콘텐츠 광고 도달률을 높이는 거죠. 둘째, 앞선 AI 알고리즘의 효율성은 텍스트, 이미지로 구성된 콘텐츠보다 릴스를 중심으로 검증될 겁니다. 인스타그램에서 릴스 콘텐츠의 점유율은 2022년 상반기 기준 대폭 증가했으며, 공유 및 소통으로 보는 확산 가능성도 큽니다.

가장 중요한 마지막 세 번째는 수익 창출입니다. 릴스는 아직 인스타그램 피드나 스토리와 같은 방식으로 광고 수익을 창출하고 있지 않습니다. 앞서 여러 차례 언급한 바와 같이 광고 도구로서의 효용성은 충분히 신뢰할 수 있는데 말이죠. 본격적인 도입을 미루는 데는 다음과 같은 전략이 읽힙니다. 사용자의 유입을 최대화해 플랫폼 자체의 성장을 도모하겠다는 거죠. 실제로 메타는 일단은 릴스 콘텐츠 제작과 전문 크리에이터 양성에 전력을 다하겠다고 선언했는데요. 2025년까지 향후 3년 안에 릴스에서도 틱톡과 같은 다양한 광고 상품이 창출될 것으로 보입니다. 릴스의 수익 모델이 확장된다는 것은 숏폼 크리에이터와 채널 IP를 중심으로 하는 비즈니스의 확대를 시사합니다.

유튜브 쇼츠

유튜브는 쇼츠 출범을 정식으로 알린 2021년부터 하단에 전용 탭을 넣어 콘텐츠 노출과 제작을 적극 장려하고 있습니다. 보통 10분에서 30분 사이의 분량이 긴 콘텐츠로 연재를 시작한 채널이 많기 때문에 이를 편집한 재생산 콘텐츠가 많이 보이는 게 특징입니다. 이들은 본편보다 높은 조회수를 기록하며 채널에 새로운 구독자를 유입시키는 역할을 하고 있습니다.

예능형 콘텐츠의 경우엔 힘을 뺐다 주는 호흡을 반복하며 전개하는데요. 쇼츠는 '힘을 준' 1분의 효과를 극대화할 수 있습니다. 최근 인기를 끌고 있는 유튜브 채널 중에 방송인 김구라와 아들 MC그리가 출연하는 〈그리구라〉, 웹 예능 채널 〈스튜디오 플래닛〉이 있습니다. 두 채널의 공통점은 쇼츠를 본편의 하이라이트로 활용한다는 겁니다. 형식은 크게 다르지 않습니다. 가로형 영상을 세로형 틀에 배치하고, 상단의 여백에는 별도의 제목을 기재합니다. 〈오징어 게임〉을 본 김구라의 충격적인 반응', '먹방 장인 김구라의 습관성 직업병'처럼 가볍고 후킹 hooking 합니다. 또 다른 채널 〈공부왕찐천재 홍진경〉은 쇼츠를 티저로 활용하는데, 날것의 느낌이 강합니다. 어떤 장면에서는 스태프가 노출되기도 하고, 장면 전환도 산만합니다. 그럼에도 불구하고 반응은 뜨겁습니다. 출연진의 모습을 바로 앞에서 실시간으로 관전하는 듯해 친근감을 느끼는 이들이 많습니다.

본편 영상을 흥행시키는 방식은 커뮤니티에서 밈이 흥행하는 원리와 비슷합니다. 콘텐츠의 퀄리티보다는 얼마나 많은 이의 공감을 얻느냐가 중요하죠. 이를 확인할 수 있는 부분이 댓글의 개입입니다. 재미가 떨어지는 영상이라도 댓글이 콘텐츠의 내용을 유의미하게 살려내는 경우를 종종 목격할 수 있습니다. '댓글 모음집'이나 '반응 모음' 등 2차 콘텐츠가 기대 이상의 화제를 일으키기도 하고요. 특정 댓글을 상단에 고정하여 사용자의 개입을 유도하고, 댓글 내에 하이퍼링크를 삽입해 다른 사이트와의 연결성을 강화할 수도 있겠죠.

TO BE 크리에이터 이코노미

긴 호흡의 영상 중간에 광고를 삽입해 수익을 분배하는 것이 가능하던 기존 영상에 비해 쇼츠는 수익 모델이 확실하지 않습니다. 유튜브가 쇼츠의 활성화를 위해 손을 내민 상대는 크리에이터입니다. 유튜브는 쇼츠 콘텐츠를 제작하는 크리에이터를 지원하기 위해 '유튜브 쇼츠 펀드'라는 이름으로 총 1억 달러(한화 약 1,180억 원) 규모의 기금을 조성했습니다. 크리에이터를 위한 전용 채널 〈유튜브 크리에이터〉를 개설해 쇼츠 촬영법이나 쇼츠 보너스 지급에 대한 정보를 공유하고 있는 것도 같은 맥락으로 읽힙니다.

유튜브가 크리에이터의 힘을 믿고 지지하는 것은 그들 개인이 가진 콘텐츠 제작 능력 때문만은 아닙니다. 유튜브 크리에이터는 탄탄한 구독자와 팬을 보유하고 있는 1인 미디어입니다. 구독자명이라는 애칭으로 묶인 커뮤니티에서는 자신들만이 이해하는 밈이 통용될 정도로 끈끈한 유대감이 형성되어 있습니다. 다시 말해 크리에이터 한 명을 확보하면 수만으로 구성된 커뮤니티를 쇼츠에 옮겨 올 수 있습니다.

그렇다면 크리에이터는 쇼츠에서 무엇을 얻을 수 있을까요? 쇼츠는 채널의 매우 훌륭한 트래픽 소스입니다. 유튜브에서는 원본을 모바일 포맷에 맞춰 짧게 편집한 쇼츠의 조회수가 본편의 조회수를 상회하는 경우가 많습니다. 단기간에 채널을 성장시키고자 하는 크리에이터나 틱톡 및 릴스에서 유튜브로 기반을 넓히고자 하는 크리에이터에게 쇼츠는 좋은 기회가 될 겁니다.

기반을 잘 닦은 쇼츠가 장악력을 높이면 수익 모델이 다양하게 확장될 수 있습니다. 크리에이터를 콘텐츠 IP로 활용해 굿즈를 제작하거나, 커머스 기능을 도입해 인플루언서 커머스 시장에 도전할 수 있게 되는 거죠. 실제로 유튜브는 메가 유튜버[4] '입짧은햇님'의 라이브 스트리밍을 통해 플랫폼 내에서 한정판 굿즈를 바로 구매할 수 있는 라이브 쇼핑 기능을 시범적으로 오픈해 구독자들 사이에서 큰 호응을 얻은 바 있습니다. 유튜브가 라이브 쇼핑으로까지 영역을 확장하면 쇼츠에도 쇼핑 태그 등 다양한 기능이 도입될지도 모릅니다. 앞으로 어떤 바람이 불지 귀추를 주목해봐도 좋겠습니다.

---

4 Mega youtuber. 통상적으로 구독자를 100만 명 이상 보유한 유튜버를 칭한다. 규모에 따라 메가, 매크로, 마이크로, 나노로 구분된다.

■ 3대 숏폼 플랫폼 버즈 분석

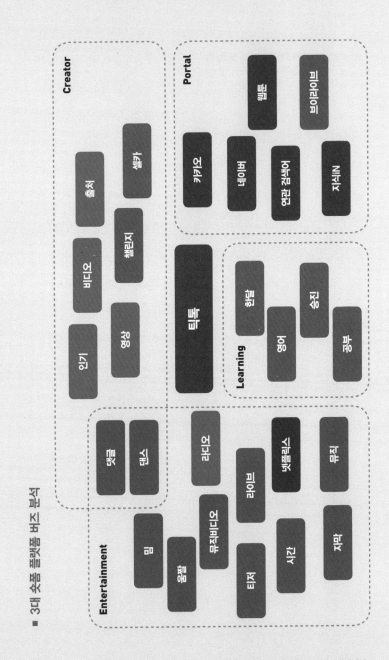

Creator

인기   비디오   출처

영상   챌린지   셀카

Portal

카카오   헬톡

네이버

연관 검색어   미라이프

지식iN

틱톡

Learning

한글   영어   승진

공부

Entertainment

댓글   댄스

라디오

밈   음짤   뮤직비디오   라이브   넷플릭스

티저   시간   뮤직

자막

숏폼 콘텐츠 머니타이제이션

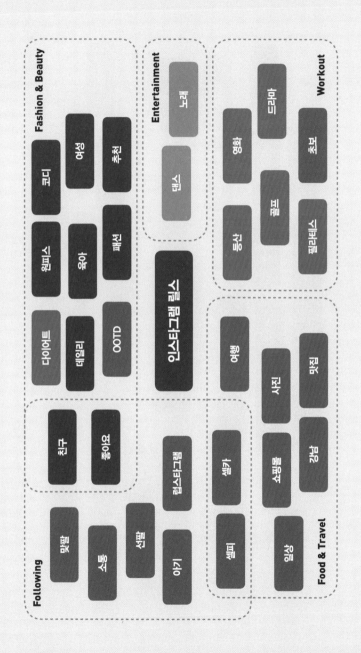

인스타그램 릴스

Fashion & Beauty
코디, 여성, 추천, 원피스, 육아, 패션, 다이어트, 데일리, OOTD

Entertainment
노래, 댄스

Workout
영화, 드라마, 등산, 골프, 초보, 필라테스

Food & Travel
여행, 사진, 맛집, 쇼핑몰, 강남, 셀카, 셀피, 일상

Following
친구, 좋아요, 맞팔, 소통, 선물, 인스타그램, 이기

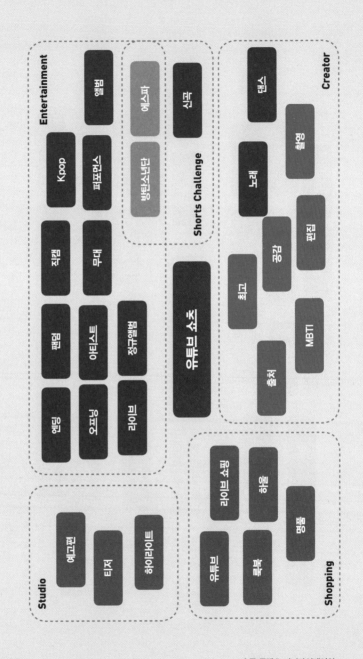

Entertainment

행복 / Kpop / 퍼포먼스 / 직캠 / 무대 / 팬덤 / 아티스트 / 정규앨범 / 엔딩 / 오프닝 / 라이브

Shorts Challenge

에스파 / 신곡 / 방탄소년단

유튜브 쇼츠

Creator

댄스 / 촬영 / 노래 / 편집 / 공감 / 최고 / MBTI / 출처

Studio

예고편 / 티저 / 하이라이트

Shopping

라이브 쇼핑 / 하울 / 명품 / 유튜브 / 득템

PART

1

숏폼 콘텐츠 트렌드

지금의 소셜 미디어 트렌드는 짧고 강력한 숏폼으로 정리할 수 있습니다. 그 중심에 선 밀레니얼과 Z세대의 눈으로 지금의 트렌드를 짚고, 이를 사회, 가치관, 관계, 콘텐츠, 소비라는 다섯 가지 항목으로 나누어 분석한 뒤 각각 하나의 키워드로 압축해보았습니다.

사회	**Short-log** 일상을 담고 일상을 그려가는 1분의 미학	#브이로그 #심심극복챌린지 #30일챌린지 #LearnOnTikTok #주식입문 #코딩
가치관	**Nano Actiens** 극소 단위로 움직이는 프로슈머형 인플루언서	#커버영상 #ㅋㅋ #FYP #POV #랜덤문답 #밸런스게임
관계	**On-connect** 오프라인에서 온라인으로 넘어온 관계의 구심점	#합작모집중 #크루 #가족틱톡 #친구끼리쓰는자기소개서
콘텐츠	**Eternal Content** 미디어 경계를 허물고 시공간의 한계를 넘어 순환하는 콘텐츠	#레전드 #리액션 #띵작추천 #립싱크 #필터 #이어찍기 #듀엣
소비	**Mirroring Consumer** 경험을 대체하는 스토리 구매를 자극하는 이미지	#명품룩 #손민수 #참고하기좋은 #MBTI별추천 #튜토리얼

1

사회

숏로그
Short-log

숏로그는 '숏폼'과 '블로그'(blog)의 합성어로, 자신의 일상과 인생을 압축된 분량에 담아내는 콘텐츠 트렌드를 가리킵니다. 미디어가 발전하고 활용 방식이 다양화됨에 따라 전문가뿐 아니라 일반인들도 자유롭게 영상을 제작하게 되면서 생겨난 현상을 뜻합니다. 플랫폼마다 다르지만 보통 1분을 넘기지 않습니다.

새로운 소통법, 브이로그 2.0

요즘 Z세대와 알파세대는 영상으로 일상을 기록합니다. 언제 어디서나 스마트폰의 촬영 버튼을 누르고 보는 이들의 콘텐츠에는 개인의 특수성보다는 사회집단의 문화가 고스란히 투영됩니다. 10대를 가장 쉽고 빠르게 파악하고 싶다면 '#브이로그'vlog 해시태그를 검색해보면 됩니다. 브이로그는 '비디오'video와 '블로그'의 합성어로, 유튜브를 통해 대중화된 콘텐츠입니다. 한 편당 20분 정도의 길이로 영화나 드라마처럼 가로형을 기본으로 합니다. 숏폼 플랫폼에서는 일반 브이로그가 진화한 형태인 숏로그, 즉 숏폼 브이로그가 유통됩니다. 15초에서 3분 정도의 짧은 길이에 모바일로 찍고 보는 세로형 브이로그입니다.

인스스

기성세대에겐 사뭇 낯선 '인스스'라는 줄임말은 '인스타그램 스토리'를 뜻합니다. 인스타그램이 2016년 론칭한 기능으로, 15초 이내의 영상과 이미지를 타래처럼 묶어 게재하는 방식인

인스타그램 스토리 형식　　　　　　　　　(출처: 인스타그램 공식 홈페이지)

데요. 게재 후 24시간이 지나면 자동으로 삭제되며 누가 게시물을 조회했는지 알 수 있습니다. 상대의 게시물을 누르면 바로 일대일 다이렉트 메시지를 주고받을 수도 있고요.

　해외 시장조사업체 스태티스타 Statista에 따르면 전 세계 인스타그램 스토리 1일 활성 사용자 수는 2017년 약 2억 명에서 2021년 약 5억 명으로 증가했습니다. 국내에서도 마찬가지입니다. 하루에 셀 수 없이 많은 스토리를 올리는 사람들이 늘어나자, 이들을 가리키는 '바느질 장인'이라는 용어도 등장했습니다. 스토리를 하루에 여러 개 올리면 상단 목록이 바늘땀 같은 모양을 띠는데, 간격이 촘촘할수록 한 땀 한 땀 바느질을 한 모양이 되어서 붙여진 이름이라고 합니다.

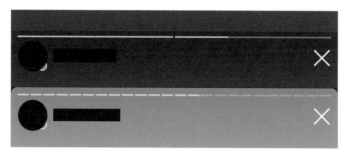

인스타그램 스토리 활용 예시　　　　　　　　　(출처: 더에스엠씨 콘텐츠연구소)

　스토리 기능을 제공하는 플랫폼은 생각보다 많습니다. 페이스북, 유튜브는 물론이고 국내 메신저 플랫폼 라인이나 해외 음원 스트리밍 플랫폼 스포티파이Spotify도 다양한 방식으로 스토리 기능을 접목해왔습니다. 스토리의 모태로 미국에서 선풍적인 인기를 끌었던 스냅챗도 빼놓을 수 없고요. 그런데 왜 MZ 세대는 하필 인스스에 열광할까요? 인스타그램이 일상의 특별한 순간, 느낌 있는 장면 등 기록할 만한 찰나의 순간을 보여주는 데 특화된 플랫폼이기 때문입니다. 내 하루를 모두 보여주기는 싫지만, 소소하게 공유하고 싶은 심리가 있잖아요. 게다가 스토리는 사용자가 공개된 공간에 구축할 수 있는 개인적인 영역입니다. 특정 친구들에게는 게시물을 공유하고, 더 많은 사람들이 보기 전에 숨기거나 지울 수 있으니 부담이 적겠죠.

티로그

"매일 즐거울 순 없지만 즐거운 일은 매일 있는 법이지." 틱톡이 자체 브이로그를 홍보하며 내세운 '티로그**Tlog** 캠페인'의 핵심 메시지입니다. 티로그는 틱톡의 머리글자와 '브이로그'를 합쳐 만든 신조어입니다. 누구나 쉽고 즐겁게 사용하자는 취지인데, 국내에서는 아주 재미있는 규칙이 몇 가지 보입니다. 바로 사용자가 얼굴과 목소리 등 개인정보 노출을 최소화한다는 겁니다. 그래서 내레이션 대신 영상 중앙에 자막을 배치하거나, 이모티콘 형태로 구성해 스티커처럼 활용하는 경우가 많습니다. 불가피하게 목소리가 나와야 할 때에는 AI 보이스를 사용하고, 자신이 거주하는 지역이나 재학 중인 학교 등의 정보를 파악할 수 없도록 필터 효과를 넣기도 합니다. 댓글을 통해 개인정보를 추측하는 이들에게는 "추측성 댓글을 삼가달라"며 주의를 주기도 하죠.

소재는 어떻게 다를까요? 학생이라면 누구나 공감할 만한 일상을 주로 다루기에 얼핏 심심해 보일 정도로 소소합니다. '갓생 살기'(God+인생, 부지런한 인생 살기)가 목표인 Z세대의 최대 관심사는 학업입니다. 숏폼 플랫폼에서도 이러한 현상을 쉽게 찾아볼 수 있는데요. 시험 기간이 되면 공부를 준비하는 모습부터 보여주는 '#공부브이로그'뿐만 아니라, 몇 시간 동안 공부하는 모습을 타임랩스로 압축해서 보여주는 '#공부타임랩스'라는 해시태그가 화수분처럼 쏟아집니다. 댓글에는 어떤 문제집을 풀고 필기는 어떻게 하는지, 하루에 몇 시간 공부하는지에 대한 문의가 빗발칩니다.

사실 학생의 하루 일과는 큰 차이가 없습니다. 그래서 특정 사건에 집중하여 스토리텔링하는 방식이 생겨났습니다. 티로그에서는 유튜브와 같이 자극적이거나 화려한 섬네일로 시청을 유도하는 방식이 어렵기 때문에 타이틀과 해시태그에 집중합니다. 같은 영상이라도 '월요일'보다는 '등교 N일 차'라는 텍스트를 노출해 단조로움에서 탈피하고자 하는 거죠. 문구 전문점 아트박스나 생활용품점 다이소에서 물건을 구매하는 일도 극을 이끄는 서사가 됩니다. 아직 경제적으로 여유롭지 않고 시간적인 자유도 많지 않으니 진입 장벽이 낮은 곳을 촬영 장소로 선정한 셈인데, 1분이라는 한정된 시간에 극을 이끄는 방식이 흥미롭습니다. 나름의 기승전결이 어떻게 펼쳐지는지를 실제 Z세대 사용자의 영상을 통해 살펴보겠습니다.

> [S#1] 1만 원을 챙긴 뒤 옷을 챙겨 입는 컷
> [S#2] 집에서 나와 다이소로 향하는 컷
> [S#3] 다이소에 도착해 물건을 고르고 셀프 계산대에서 결제하는 컷
> [S#4] 귀가 후 제품을 사용하는 컷

놀랍게도 네 가지 장면으로 하나의 스토리가 완성됐습니다. [S#1]에서는 구매 이유를, [S#2]와 [S#3]에서는 과정을, [S#4]에서는 결과를 깔끔하게 보여주고 있죠. 간단해 보이지만 시간의 흐름과 인과관계가 아주 잘 보이게 구성했습니다. 실제로 틱톡에서 '#○○후기'라는 해시태그를 검색해보면, 대부분이 이 같은 전개를 따른다는 걸 알 수 있습니다.

프로필이 필요 없는 '○○ 설명서'

사용자에게는 단순히 취향이나 취미를 넘어 자신의 역사와 가치를 공유하고자 하는 욕구가 있습니다. 그래서 숏로그는 일상을 기록하는 현상에서 일생을 담아가는 방식으로 확장되고 있습니다. 크게 두 가지 흐름을 보이는데, 과거를 회고하는

방식과 미래를 설계하는 방식입니다. 전자의 경우 '#10초얼굴짤' 또는 '#10초인생짤'이라 불리는 해시태그 챌린지가 대표적인데요. 살면서 가장 기억하고 싶은 다섯 장의 사진을 묶어 완성한 10초 분량의 영상을 의미합니다. Z세대를 중심으로 틱톡에서 시작된 이 챌린지는 웹툰 작가 기안84와 배우 성훈 등 유명인의 참여로 인스타그램 릴스로 퍼졌습니다. 특히 유년기, 성장기, 성인의 과정을 모두 거친 90년대생의 향수를 불러일으키고, 80년대생의 경우 자녀의 사진을 자신의 유년기 대신 배치하며 공감을 나눴죠.

후자의 경우는 조금 더 체계적입니다. 새로운 세대는 이제 전문성도 '짧고, 빠르게, 자주' 기릅니다. 특정 정보를 얻기 위해 오프라인을 배회하는 대신 소셜 미디어 검색창을 열죠. 기성세대의 영역이라 여겨졌던 주택, 금융 관련 정보나 전문적인 지식이 필요한 코딩, 일러스트 등의 기술도 영상 몇 편이면 금세 이해할 수 있다고 여기는 겁니다. '효율성, 가성비, 활용성'을 모두 고려한 선택이라 할 수 있습니다. 실제로 틱톡에는 '#틱톡교실', '#180초틱톡쌤' 등의 해시태그가 활성화되어 있으며, 조직적으로 교육 비즈니스를 운영하는 채널도 쉽게 찾을 수 있습니다.

이러한 추세를 빠르게 파악한 틱톡은 2021년 플랫폼에서 제공하는 영상 길이를 1분에서 3분으로 연장했습니다. 더 많은 사용자가 더욱 다양한 콘텐츠를 담을 수 있도록 하기 위해서였죠. 틱톡에 따르면 같은 해 10월 기준 플랫폼 내 1분이 넘는 영상의 조회수는 세계적으로 50억 뷰를 돌파했습니다. 2022년 긴 호흡의 영상 도입을 실험하던 틱톡은 같은 해 3월 최대 영상 길이를 10분까지 늘린다고 발표했습니다. TV로 영상을 접해 긴 호흡에 익숙한 기성세대까지 포섭하겠다는 전략이 읽힙니다. 콘텐츠를 시청하는 세대가 다양해질수록 틱톡은 양질의 데이터를 갖게 됩니다. 데이터를 기반으로 추천 알고리즘의 정확도를 강화하면 광고 매출을 올리는 데 큰 도움이 될 겁니다.

틱톡이 미국에서 시범 운영한 '틱톡 레쥬메' Tiktok Resume 서비스도 살펴볼 가치가 있습니다. 숏폼이 채용 창구로서 활용될 가능성을 엿볼 수 있는 시도였는데요. 시범 운영에는 글로벌 레스토랑 체인 치폴레 Chipotle, 미국 유통업체 타깃 Target, 미국 프로레슬링 단체 WWE World Wrestling Entertainment 을 포함한 총 32개 브랜드가 참가했습니다. 이력서를 서류가 아닌 영상으로 제출하는 형태로, 구직자의 센스나 경력을 한 번에 어필할 수 있다

미국에서 배포된 틱톡 레쥬메 이미지 (출처: 틱톡)

는 장점이 있었죠. 기업 또한 지원자에게 빠르게 노출될 수 있는 것은 물론이고, 화제성과 대세감 형성이라는 파급 효과를 기대할 수 있었고요. 해당 서비스는 시범 운영 후에 종료됐지만, 숏폼 플랫폼이 사회적 기능을 수행할 수 있음을 시사했습니다.

#브이로그 　자신의 일상을 동영상으로 촬영한 영상 콘텐츠

아주 짧은 시간에 자신을 보여줄 수 있는 유용한 콘텐츠 형식입니다. 1인 미디어 시대에는 특별한 이벤트가 없더라도 자신의 일상을 '특별하게 기록'할 줄만 알면 됩니다. 특히나 Z세대는 유행하는 이미지, 영상, 텍스트 포맷을 적재적소에 활용하며 기록을 공유하고 있습니다.

#심심극복챌린지　무료함을 극복하기 위해 할 수 있는 모든 행위

밀레니얼과 Z세대는 '노잼 시기'라는 말을 자주 합니다. 인생이 재미없는 'No 재미' 시기를 뜻하는데요. 재미없다고 푸념하는 게 아니라, 재미없으니 뭐라도 하겠다는 의지의 표명입니다. 똑같이 반복되는 일상에 작은 변화를 주거나, 당연한 현상을 새롭게 바라보면서 말이죠. 대표적인 예가 해외 언론에 '#DalgonaCoffeeChallenge'로 소개된 '#달고나커피챌린지'이며, 비슷한 해시태그로는 '#집콕챌린지', '#아무놀이챌린지', '#무기력극복챌린지'가 있습니다.

#30일챌린지 **30일 동안 특정 행위를 반복해서 습관 만들기**

독서와 외국어 공부 그리고 운동 챌린지가 있습니다. 독서를 예로 들면 고전 도서, 필독서, 베스트셀러 등 날마다 다른 미션을 줘서 새로운 성취감을 맛볼 수 있도록 하는데요. '기상 후에 10페이지 읽기'와 같이 시간대별로 계획을 세우기도 합니다. 정리 정돈이나 청소가 힘든 이들은 '#정리챌린지'를 도전 과제로 삼아 간단한 분리수거부터 냉장고 정리하기, 화장대나 옷장 정리하기 등 구역을 정해놓고 꾸준히 행동하려고 합니다.

#LearnOnTikTok **틱톡의 교육 콘텐츠**

교육 콘텐츠를 활성화하기 위해 틱톡이 직접 기획한 해시태그입니다. 2022년 상반기 기준 해당 해시태그의 누적 조회수는 3,000억 회에 달하는데요. 이를 기반으로 특정 분야에서 전문가로 떠오르는 크리에이터들은 '○○ 틱톡커'로 불리며 각자의 영역을 확장 중입니다. 이들은 어려운 용어을 알기 쉽게 설명하며, 보는 이의 이해를 돕기 위해서 일인 다역 상황극을 하기도 합니다.

#주식입문   주식 투자를 배우는 길에 처음 들어섬

2021년 신한은행이 발간한 〈보통사람 금융생활 보고서 2021〉에 따르면 2020년 주식 투자를 가장 많이 한 연령대는 20대였습니다. 투자와 자산 관리에 대한 관심이 커짐에 따라 '#재테크', '#주식', '#저축노하우' 등 유사 해시태그의 검색량과 조회수가 급격하게 늘어났습니다. 어려운 경제 용어나 투자 상품에 대한 개념을 쉽게 이해하고자 하는 사회 초년생이나, 경제관념이 아직 부족한 Z세대의 수요가 상당합니다.

#코딩   C언어, 자바, 파이썬 등 컴퓨터용 언어로 프로그램을 만드는 것

노트북, 태블릿PC, 모바일에 익숙한 저연령층일수록 코딩을 배우고 사용하는 데 익숙합니다. 과거 밀레니얼 세대가 피아노와 태권도를 필수로 배웠다면, 2010년대 이후 태어난 알파

세대는 모바일을 더 똑똑하게 사용하고 창의적으로 무언가를 만들기 위해 코딩을 취미로 즐기는데요. 이들은 학원이나 온라인 강의를 수강하는 대신 '방구석 전문가'이자 '숨은 고수'인 소셜 미디어 사용자에게 직접 배우는 방식을 선호합니다.

2
가치관
나노 액티언스
Nano Actiens

공동체보다 '나'를 중심으로 움직이는 나노사회. 이를 안정적으로 뒷받침할 수 있는 환경이 구축됨에 따라 적극적으로 행동하는 개인이 늘어났습니다. 특히 콘텐츠를 쉽게 제작하고 유통할 수 있는 숏폼 플랫폼에서 뚜렷한 현상입니다. 이를 '행동하는 개인'을 뜻하는 나노 액티언스(Nano Actiens)로 정의합니다.

프로슈머형 나노 인플루언서

 소셜 미디어를 사용하지 않는 MZ세대를 찾을 수 있을까요? 모든 개인이 자신의 채널에서만큼은 영향력을 행사하는 인플루언서로 살고 있습니다. 인플루언서는 규모에 따라 메가, 매크로, 마이크로라는 단위로 나뉘는데, 팔로워가 수백 정도인 개인 사용자에게도 '나노 인플루언서'라는 명칭을 붙일 수 있습니다. 이들은 소속사나 제작사 없이 콘텐츠를 생산하고 소비하는 프로슈머prosumer로서 기능하고 있습니다. 누구나 쉽게 콘텐츠를 제작하고 유통할 수 있는 숏폼의 성장이 있었기에 가능한 변화였습니다.

 메가 인플루언서 '땡깡'은 숏폼에서 프로슈머의 길을 개척한 장본인입니다. 아이돌 댄스 커버가 주특기로 무대 의상 뺨치는 화려한 의상이나 음악 방송을 방불케 하는 카메라 워킹을 자랑하는데요. 실제로 한 방송에서 모든 제작 과정을 본인과 친동생이 소화한다고 밝혀 화제를 모았습니다. 넘치는 끼와 타고난 센스로 수십만 명의 팔로워를 사로잡아, 현재는 아이돌 신곡 홍보의 관문으로 통하고 있죠. 땡깡과 같은 메가 인플루언서가 댄스 커버 형태의 콘텐츠를 장르화한 것은 부정할 수 없습니다. 게다가 나노 인플루언서가 따라잡기엔 이미 간극이 많이 벌어져버렸습니다.

틱톡의 경우 한 주에 특정 콘텐츠가 한꺼번에 양산될 수 있도록 '주간 챌린지'를 운영하는데, 이때 이미 유명한 메가 인플루언서가 피드를 점령하는 현상이 일어나곤 합니다. 콘텐츠를 신나게 만들어낼 동력이 사라진 나노 인플루언서는 노선을 틉니다. 메가 인플루언서에겐 없는 아마추어 특유의 낮은 퀄리티 콘텐츠가 줄 수 있는 재미에 주목합니다. 평범함을 무기로 삼고 엉성함을 에지 edge로 가져가 소소한 공감대를 자극하는 거죠. 누가 봐도 실패에 가까운 전개를 그대로 보여주는 방식은 '망한사진전'(의도와 달리 엉성하게 찍힌 사진을 모아 10초가량의 영상으로 편집)과 같은 새로운 콘텐츠로 이어지고 있습니다.

Digital Me, 아바타

콘텐츠의 관점에서 '나'를 바라본다면, 나는 하나가 아니라 다수가 될 수 있습니다. 애매하게 들리지만, 여러분이 비대면으로 소통하는 방식을 떠올려보면 그렇지 않습니다. 꼭 MZ세대가 아니더라도 카메라 앞에 직접 서는 대신 3D 아바타를 내세우는 이들이 많아졌으니까요. 다른 점이 있다면 기성세대의 아이덴티티가 하나였다면, MZ세대는 일상과 비일상을 넘나들며 다양한 아이덴티티를 드러내고 있다는 거죠. 그중 스마트폰 미모지는 일상에서 가장 흔하게 볼 수 있는 사례인데요. 나를 뜻하는 '미'Me와 '애니모지'Animation+Emoji를 합친 아바타의 한 종류입니다. 자신의 외형에 맞춰 커스텀하고 실제 표정을 입힐 수 있어 생동감 넘치는 표현이 가능하죠.

그런가 하면 SM엔터테인먼트의 아이돌 그룹 에스파처럼 메타버스에서 '아이'ae 버전의 자신을 내세우는 이들도 많습니다. 메타버스는 현실 공간을 사실적으로 반영한 '미러월드'나 완전히 다른 차원의 가상 공간을 구현한 '가상세계'를 아우릅니다. 플랫폼은 네이버 제페토Zepeto, SKT 이프랜드ifland와 같은 소셜 베이스와 로블록스Roblox, 도깨비DokèV 등 게임 베이스로 나뉘는데요. 특히 전자의 경우 아바타 파워가 두드러집니다. 게임 아이템이나 스토리가 아닌 '나' 자체가 소통의 중심이 되기 때문입니다.

특히 제페토는 커뮤니티뿐만 아니라 소셜 미디어의 역할도

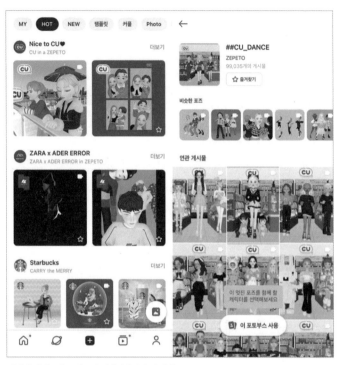

네이버 제페토와 브랜드의 컬래버레이션 아이템　　　　　**(출처: 네이버 제페토)**

수행합니다. 사용자는 아바타로 뮤직비디오나 안무 커버 영
상을 촬영하기도 하는데요. 제페토의 '포토부스'라는 기능을
사용하면 아바타에 프로그래밍된 포즈를 적용해 1분 이내의
영상으로 제작할 수 있습니다. 가령 포토부스에서 아이돌 그
룹 블랙핑크의 포즈를 선택하면, 아바타가 그들의 노래에 맞

춰 안무를 소화하는 거죠. 환경적인 제약도 덜합니다. 현실에서는 몇백만 원을 호가하는 아이템을 장착하거나 비현실적인 배경을 설정할 수 있습니다. 화면 크기가 허용하는 한 수많은 친구가 등장할 수도 있습니다. 함께 촬영하기 위해 시간을 맞춰 만나거나, 이어 찍기로 각자의 공간을 이어 붙일 필요가 없는 거죠. 더 나아가 직접 제작한 웹드라마를 유튜브에 올리기도 하는데, 인기 드라마는 조회수 50만 회를 넘깁니다. 이러한 추세가 지속되자 아바타 드라마 작가와 PD라는 직업도 인기를 얻고 있다고 합니다. 2000년대 초반 인터넷 소설이 10대 사이에서 큰 반향을 일으켰다면, 2020년대에는 아바타 드라마가 그 자리를 대체한 셈입니다.

화려하고 개성 있어야 살아남는 제페토 세계에서 아바타의 성별, 신체 조건, 패션 등은 현실의 규격을 벗어납니다. 그러다 보니 아바타를 꾸미는 것 또한 콘텐츠가 되고 있습니다. 유튜브나 틱톡에서는 제페토 아바타 얼굴 커스텀 튜토리얼이나 코디 추천 영상이 수십만 뷰를 넘기고요. 아바타를 대신 꾸며주며 수익을 창출하는 '대리 커스텀'(댈컴)도 생겼습니다. 대리 커스텀을 맡길 이에게 자신의 아이디와 비밀번호를 전달하면 얼굴형이나 눈 크기부터 염색, 메이크업, 의상 코디 등의 커스텀을 해주는 거죠. 인기 아이돌 그룹의 컴백 시즌이나 핼러윈, 크리스마스처럼 시즌별 이슈가 있을 때 수요가 급등합니다. 대리 커스텀의 대가는 무엇일까요? 현금이나 문화상품권으로 거래하는 경우도 있지만 대부분은 '젬'Zem(1젬은 85원 상당)이라 불리는 가상화폐를 주고받습니다.

'나'라는 소재의 확장성

아바타가 가상의 세계관 속에 존재하는 '또 다른 나'라면, 존재하지는 않지만 상상할 수 있는 '역할 속 나'도 있습니다. '서울시 ○○구 ○○아파트에 사는 고등학생' 대신 미국 하이틴 영화 속에 자신을 대입하는 거죠. 해외 인플루언서 얼리사 매케이 Alyssa Mckay 의 영상 'The rich girl meets the new girl'은 동명의 음원을 배경으로 하는 POV[5] 영상인데요. 여왕벌 놀이를 하는 부자 여학생이 전학생을 경계하는 내용을 유쾌하게 풀어냈습니다. 국내에서는 '부자들만 다닐 수 있는 엘리트 학교에 전

---

5 Point Of View의 약자로 1인칭 시점의 촬영 기법을 의미한다.

POV 예시   (출처: 〈OTR〉)

학생이 왔다'라는 시리즈로 확산, 다양한 2차 콘텐츠가 만들어졌습니다.

이런 형태의 POV 영상은 '#연기', '#상황극'이라는 해시태그와 함께 로맨스, 스릴러, 판타지 등 다양한 장르를 넘나드는데요. 하나같이 비일상적이고 극적인 상황을 가정한다는 공통점이 있습니다. 주인공이 되고 싶은 욕구도 채우고, 현실에서 못 느꼈던 해방감과 카타르시스도 즐기는 거죠. 이 같은 몰입은 보는 사람까지 동참할 정도의 흡인력을 발휘하며 활발한 상호작용을 일으킵니다.

#커버영상   어떤 분야나 범위를 흉내 내거나 따라 하는 영상

소셜 미디어 사용자는 무언가를 따라 하는 행위를 '베끼는 것' 또는 '폄훼하는 것'이라고 생각하지 않습니다. 모방은 창조의 어머니라는 말처럼, '커버'를 크리에이티브한 무언가를 만드는 데 사용합니다. '#커버메이크업', '#커버댄스', '#커버노래' 등 다양한 하위 카테고리가 있으며 형식과 소재에는 제한이 없습니다.

#ㅊㅊ   추천의 초성체

틱톡은 사용자의 추천피드에 새롭거나 인기 있는 콘텐츠를 지속적으로 추천하며 사용자의 반응을 학습, 사용자에게 최적화된 콘텐츠를 선별하여 보여줍니다. 틱톡을 처음 켜면 팔로잉 피드, 추천 피드 중 추천 피드가 먼저 노출되는데요. 추천 피드를 점령한 콘텐츠일수록 '좋아요'나 댓글을 받기 좋습니다. 실제로 구글에 '틱톡'을 검색하면 '틱톡 추천 뜨는 법'이라는 연관 검색어를 확인할 수 있습니다.

#FYP

For Your Page

'#ㅊㅊ'과 같이 틱톡 추천 피드에 자신의 콘텐츠를 보여주기 위한 해시태그 중 하나입니다. 전자가 국내에 한정됐다면 후자는 글로벌 사용자를 모두 공략할 수 있는 해시태그라고 할 수 있습니다. 최근에는 틱톡뿐 아니라 인스타그램 릴스에서도 이와 같은 해시태그를 사용하여 화제성을 노리는 크리에이터가 많습니다.

#POV

Point Of View

숏폼에서 가장 흔히 볼 수 있는 형식 중 하나로, 특정인이나 사물의 관점을 연기로 풀어내는 콘텐츠입니다. 크게 두 가지 유형으로 나눌 수 있는데요. 첫 번째는 '가정된 상황'을 시청자에게 제시해서 그들이 자신의 경험이나 가치관을 떠올리게 하고 '가정된 현실'에 이입하게 하는 유형, 두 번째는 '일상적인 상황'을 가정하여 여기서 오는 공감대를 자극하는 유형입니다.

#랜덤문답   규칙 없는 질문에 솔직하게 답하는 방식

수많은 질문을 규칙 없이 나열하여 답변자의 솔직함을 최대한으로 끌어내는 콘텐츠 양식입니다. 팬들의 질문지에 크리에이터나 유명 연예인이 답하는 형식이 많은데요. 원본 콘텐츠를 짧게 편집하거나 콘텐츠에 달린 댓글을 질문으로 활용하기도 합니다.

#밸런스게임   두 가지 중 하나의 선택지를 고르는 게임

질문의 균형이 정확하게 맞아 물러설 수 없는 게임입니다. 한 선택지의 일정 부분을 극적으로 강화하는 대신 특정 부분을 터무니없이 가정하는 건데요. 가령 '100억 상금'을 전제한다면 '1분 만에 다 써야 하는'이라는 조건을 겁니다. 이 경우 다른 선택지는 '100일에 쓸 수 있는 1억 상금'을 줄 수 있겠네요. 크리에이터가 어떤 선택을 할지 궁금하기도 하고, 나라면 어떤 선택을 할지 고민해볼 수 있어서 꾸준히 활용되는 게임입니다.

3

관계

온커넥트

On-connect

관계의 중심이 오프라인에서 온라인으로 넘어왔습니다. 새로운 관계뿐 아니라 기존 오프라인의 관계를 온라인에 전시하는 움직임이 커진 겁니다. 개인의 인맥은 오프라인에서만 유효하지 않으며, 온라인에서 과시하는 형태로 강화됩니다. 이제 사람과 사람의 관계는 디지털 태그를 통해 Always-on, 언제나 연결되어 있는 상태가 됐습니다.

관계를 만드는 새로운 방식

과거 공동체를 묶던 기준은 출생지, 거주지와 같은 공간적인 배경이었습니다. 나노사회가 되면서 공동체의 개념이 흐릿해지자, 개인이 주체적으로 자신의 집단을 선택하는 움직임이 생겼습니다. 그 특성이 가장 잘 발현되는 곳이 온라인입니다. PC 시대의 커뮤니티에서 시작된 온라인 공동체가 숏폼 플랫폼과 만나 어떻게 변화했는지 살펴보겠습니다.

버디버디와 싸이월드로 대표되는 1세대 소셜 미디어는 메신저에 가까웠습니다. 당시에는 온라인이 오프라인에서의 관계를 보조하는 역할을 했기에 '친구 추가'나 '일촌 맺기'를 통해 오프라인에서의 관계를 강화하고 결속하는 정도였죠. 공통의 관심사가 있는 이들이 모여 클럽 등의 폐쇄적인 공간을 만들고 그 안에서 교류하는 정도의 커뮤니티가 형성됐습니다.

2세대에 와서야 소셜 미디어라 불리는 소셜 네트워크 서비스 개념이 도입됐다고 봐도 무방한데요. 1세대보다 개방적인 타임라인이 구성되면서 본격적인 온라인 네트워킹이 시작됩니다. 팔로잉을 통해 새로운 관계를 물색하고 친구를 태그하

■ 시대별 소셜 미디어와 관계의 변화

	1세대 소셜 미디어 (2000년대 초)	2세대 소셜 미디어 (2010년~)	3세대 소셜 미디어 (2020년~)
	버디버디 싸이월드	페이스북 트위터 인스타그램	틱톡 릴스
네트워크	PC 네트워크	모바일 네트워크	
연결 방식	'일촌 맺기'로 오프라인 관계 강화	'맞팔'로 온라인 관계 물색	'해시태그'로 온오프라인 한계 상쇄
커뮤니티	방명록, 클럽 등의 기능을 활용해 소수가 교류하는 폐쇄적 커뮤니티	좋아요, 댓글, 공유로 소통하는 인터랙티브형 커뮤니티	직접 콘텐츠를 생산하며 소통하는 오픈형 커뮤니티

여 친밀감을 드러내는 방식이 생겨났죠. 팔로우한 계정의 콘텐츠를 중심으로 피드가 구성되어 사용자가 이를 취사선택할 수 있고요.

3세대에 들어서면서부터는 알고리즘이 자동으로 추천하는 콘텐츠를 시청하게 됐습니다. 비선택적이고 동시다발적인 노출이 일어나 모르는 이들에게 접속되는데요. 해시태그를 통해 단발적인 결속과 연대가 빈번하게 일어납니다. 2세대 시절 소셜 미디어 기능이 좋아요, 댓글, 공유 등으로 단순했던 반면, 3세대에서는 Q&A 기능이나 댓글에 동영상으로 회신하는 기능이 도입되며 즉각적인 상호작용이 가능해졌습니다. 이제야말로 온라인상의 관계가 오프라인의 관계보다 선행하게 된 거죠. 기존에는 전혀 없던 관계란 무엇일까요?

틱톡에서 핫한 해시태그 '#합작'은 이를 잘 보여주는 좋은 예입니다. '어떠한 것을 만들기 위하여 힘을 합한다'는 사전적 의미처럼 하나의 작업물을 함께 완성해가는 건데요. 주로 그림이나 소설처럼 역할 분담이나 릴레이 연재가 가능한 분야의 컬래버레이션 작업이 성행합니다. 챌린지 크루가 댄스나 노래를 좋아하는 외향적인 MBTI E의 모임이라면, 합작은 얼굴 노출을 꺼리는 I의 참여율이 높다고 합니다.

숏폼 콘텐츠 머니타이제이션

취미를 공유하는 집단이 있다면, 가장 깊숙한 내면의 비밀을 나누는 집단도 있습니다. 온라인의 익명성에 기대어 탄생한 새로운 형태의 관계인데요. 오프라인에서는 할 수 없는 이야기를 털어놓으며 고립감을 해소하고 공감과 응원을 받고자 하는 겁니다. 이는 '#썰'이라는 해시태그를 통해 확인할 수 있는데요. 마음을 설레게 하는 연애 이야기나 공감을 자아내는 비밀스러운 이야기가 주요 소재입니다. 인기가 높아지면서 '#톡썰'과 같이 카카오톡 형태로 이야기를 창작하는 경우가 늘어 진위 여부를 판단하기는 힘들어졌지만, 콘텐츠로서의 재미는 눈여겨볼 만합니다.

이제 관계도 브랜딩한다

소셜 미디어가 아무리 발달해도 대체할 수 없는 오프라인의 관계가 있습니다. 가족, 친구와 같이 얼굴을 마주 보고 함께 일상을 보내는 인생의 동반자들이죠. 재밌게도 오프라인의 관계 또한 소셜 미디어 덕에 강화되고 있습니다. 관계의 끈끈함을 증명하고 집단의 문화를 인정받기 위해 가족과 친구를 전면에 내세우는 사용자가 늘어났습니다.

Z세대의 부모는 X세대라 불리는 1970년대생입니다. X라는 파격적인 수식어에는 기성세대의 관습을 부정하는 신세대라는 의미가 깃들어 있는데요. 이들은 그 가치관 그대로 자녀와의 관계를 유지하고 있습니다. 자녀가 사용하는 뷰티 카메라 앱으로 사진을 찍고, 인스타그램 스토리에 자녀를 태그해 소식을 공유합니다. 그래서 Z세대는 부모와 함께 콘텐츠를 만들고 게재하는 일을 자연스럽게 여깁니다. 오히려 편안하고 화목한 분위기를 적극적으로 보여주려 합니다. 밀레니얼 세대가 페이스북에서 부모의 계정을 차단하는 데 급급했다면, Z세대는 틱톡에서 부모와 함께 챌린지를 수행합니다. 이렇게 시작된 '#가족틱톡' 해시태그는 최근 '#자매체크', '#남매틱톡' 등으로 확장되고 있고요.

친구와의 관계는 어떻게 전시될까요? Z세대는 더 주체적이고 능동적으로 행동합니다. '친구끼리 쓰는 자기소개서'는 '#친구소개', '#○○와같이'라는 해시태그를 통해 공유되는 콘텐츠로 절친의 키, 나이, 성격, 특징을 나의 관점으로 소개합니다. 내가 자랑하고 싶은 친구의 면모를 나열하면서 '우리'가 얼마나 멋진 집단이며 돈독한지를 동시에 뽐내는 거죠. 넓게 보면

불특정 다수를 대상으로 자신의 가치를 높이는 브랜딩의 일환
입니다.

#합작모집중

콘텐츠를 함께 제작할 인원을 모집

주로 그림, 노래와 같이 특정 주제 아래 이어 붙이기 좋은 작업을 함께 합니다. 형식에도 제한이 없어서 짧은 이야기를 합작하기도 합니다. 인원이 적은 경우에는 '소합작'이라고 칭하고, 10명 이상의 인원이 필요할 때에는 '대합작을 모집한다'라고 공지합니다.

#크루

숏폼을 즐겨 하는 사람의 모임

틱톡 사용자가 챌린지 규모를 키우기 위해 단합한 틱톡 크루가 좋은 예입니다. 팔로워가 많고 영향력이 큰 크루의 경우에는 외모와 나이뿐 아니라 여러 가지 요소를 꼼꼼히 따져 크루원을 모집합니다. 지원자의 MBTI를 통해 크루원들과의 성향을 점검해보거나 피드 성격까지 체크할 정도인데요. 그만큼 크루에 책임감을 갖고 진심을 다하고 있음을 알 수 있습니다.

#가족틱톡
모든 연령대 가족이 참여하는 콘텐츠

X세대인 부모와 함께 챌린지 댄스를 추는 Z세대. 형제자매와 POV로 합을 맞추는 밀레니얼 세대. 10년 전만 해도 상상하지 못한 조합이지만, 숏폼에서는 당연한 현상입니다. '#가족틱톡'의 하위 카테고리로는 '#자매체크', '#남매콘텐츠' 등이 있습니다.

#친구끼리쓰는자기소개서
자신을 친구에 대입해 소개하는 방식

2021년에 Z세대 사이에서 큰 인기를 끈 해시태그 중 하나입니다. 친구를 소개하면서 자신들의 출생연도나 거주지를 해시태그로 붙이는 경우가 많은데요. 오프라인에서 공통사가 있는 이들과 새로운 연결점을 만들기 위함입니다. 최근에는 '#친구끼리쓰는상대방소개서', '#친구끼리하는설문' 등 다양한 방식으로 변주되고 있습니다.

4

콘텐츠

이터널 콘텐츠

Eternal Content

콘텐츠에는 소비기한이 없습니다. 더 이상 미디어에 종속되지 않으며 국경과 시간을 넘어 무한히 순환합니다. 필연적인 흐름이었지만, 숏폼이 이를 가속화했죠. 이러한 일련의 현상을 '영원한', '끊임없는'의 뜻을 지닌 형용사 이터널(eternal)을 빌려 표현합니다.

콘텐츠의 새로운 공식 보더리스 Borderless

2.5퍼센트. 엠넷의 서바이벌 프로그램 〈스트릿 우먼 파이터〉(이하 스우파)의 마지막 회 평균 시청률(닐슨코리아 제공)입니다. 결코 높지 않은 수치이지만, 프로그램은 10주간의 방영 기간 동안 비드라마 화제성 1위를 유지했습니다. 본 방송 시청자보다 티빙으로 다시보기를 하고 유튜브에서 하이라이트 영상을 정주행하는 사용자들이 월등히 많았기 때문입니다. 여기에 〈스우파〉 리더 계급 미션곡이었던 〈Hey Mama〉가 소셜 미디어 챌린지로 확산되면서 출연진의 개인 인스타그램과 유튜브 채널의 규모도 몇십 배 이상 커졌습니다. 결국 〈스트릿댄스 걸스 파이터〉, 〈스트릿 맨 파이터〉 등의 프로그램이 제작되며 슈퍼 IP로 자리매김하게 됐고요.

이제 콘텐츠의 가치는 송출 채널 하나의 수치만으로 판단할 수 없습니다. 거기엔 우선 미디어의 변혁이 일조했습니다. 뉴 미디어가 레거시 미디어의 파급력을 넘어섰고, OTT 플랫폼과 IPTV라는 새로운 창구가 생기면서 콘텐츠를 동시에 여러 곳에서 시청할 수 있게 됐기 때문입니다. 제작사의 원 소스 멀티 유스[6] 전략도 일조했습니다. TV 드라마가 유튜브 채널에서 비하인드, 하이라이트 방식으로 편집되고, 유튜브에서 탄생한 예능은 OTT 플랫폼의 자본을 만나 대규모로 확장됩니다.

그러다 보니 시공간의 경계가 무너집니다. MBC 〈무한도전〉과 같은 종영 프로그램은 인스타그램에서 밈으로 재생산되고 있습니다. 넷플릭스 오리지널 드라마 〈오징어게임〉 속 '달고나 뽑기' 게임은 전 세계인이 모인 틱톡에서 5,500만 조회수(2021년 기준)를 달성했습니다. 메가 콘텐츠가 소셜 미디어에 유입되면서 니치하거나 마이너했던 키워드의 대중성도 높아졌습니다. 특히 디지털 오리지널 콘텐츠의 경우 숏폼에서 다양한 UGC[7]로 확장되고 있습니다.

'숏폼 문법'으로 회자되다

첫 번째는 콘텐츠 IP를 차용한 패러디 및 커버형입니다. 소

---

6 One source multi-use, 하나의 소재를 서로 다른 장르에 적용하여 파급 효과를 노리는 마케팅 전략.
7 User Generated Content의 약자로 사용자가 직접 제작한 콘텐츠를 말한다.

위 명대사나 명장면으로 불리는 부분을 똑같이 연기하거나 재해석하는 방식인데요. 초창기에는 밈으로 소비하는 경향이 짙었지만, 필터나 BGM 등 플랫폼에서 제공하는 기능을 활용해 완성도가 높아지는 추세입니다. 두 번째로는 챌린지형이 있습니다. 성공과 실패를 판가름할 수 있는 행위를 설정해서 도전 의식을 자극하는 거죠. 최근에는 마케팅의 일환으로 챌린지를 기획하고 전략적으로 노출하는 브랜드가 늘어나 파급력이 상당해졌습니다. 세 번째 후기형은 개인 또는 대중의 반응과 견해를 보여주는 방식입니다. 제한된 시간에 강렬한 인상을 남기기 위해 격정적인 리액션을 노출해 우회적으로나 직접적으로 콘텐츠를 추천합니다.

이는 '이어 찍기'나 '겹쳐 찍기' 등의 기능으로 N차 가공되며, '#xyzbca'[8] 해시태그를 통해 전방위적으로 확산됩니다. 또한 사용자는 모국어 대신 영어 자막을 추가해 언어적 제한 없이 누구나 콘텐츠를 즐길 수 있도록 힘쓰고 있습니다.

---

8   전 세계 틱톡 사용자 사이에서 은어처럼 통하는 추천 키워드.

■ 한눈에 보는 틱톡 기능

진입 장벽을 낮추는 기능

카메라 머니

카메라 도구	일반적인 촬영 기능으로 손쉽게 영상을 제작할 수 있는 틀 마련 - 전환, 속도, 타이머 등
편집 효과	녹화 전후에 디테일한 편집 효과 추가 - 효과, 필터 등

M V 머니

사운드	영상에 BGM 사운드 추가 - 추천, 재생목록 등
	사용자가 사진을 여러 장 업로드하면 자동으로 배경음악과 특수효과를 적용해 영상으로 만들어주는 템플릿

재생산 및 확산 관련 기능

플랫폼 내부

겹쳐 찍기	오리지널 콘텐츠 옆에 화면을 붙여 동영상을 찍을 수 있는 기능
이어 찍기	오리지널 영상 일부 혹은 끝에 이어서 동영상을 찍을 수 있는 기능

플랫폼 외부

공유 기능	외부 소셜 미디어로의 공유 기능이 타 플랫폼 대비 활성화됨

스토리 Instagram Facebook KakaoTalk Message

소비자 간 소통 및 연결 기능

댓글 회신	시청자들이 작성한 댓글에 답변할 수 있는 기능
Q&A	제작자가 시청자 질문을 찾아 답변할 수 있는 기능
라이브	시청자와 실시간으로 소통할 수 있는 라이브 스트리밍 기능

숏폼 콘텐츠 머니타이제이션

#레전드 무조건 시청해야 하는 영상

현재 브라운관에서 방영하지 않는 TV 프로그램을 짧게 편집한 클립 영상이 주를 이룹니다. 2000년대부터 2010년대 시트콤 시리즈인 〈하이킥〉 명장면이나 예능 〈무한도전〉, 〈1박2일〉에서 두고두고 회자되는 에피소드가 일례입니다.

#리액션 빅 콘텐츠를 시청하며 자연스레 나타나는 반응과 동작

K팝 붐이 일어난 2010년대부터 방탄소년단, 블랙핑크 등 세계적으로 유명한 아이돌 그룹의 뮤직비디오가 공개될 때마다 동시다발적으로 발행된 콘텐츠 형식입니다. 최근에는 영화, 드라마의 한 장면이나 유명 크리에이터의 콘텐츠를 대상으로 하는 사례가 많습니다. 기쁘거나 즐거운 반응 외에도 맥락 없이 허무한 감상도 재밌습니다.

#띵작추천 뛰어난 작품을 선정하여 공유하는 콘텐츠

넷플릭스, 웨이브, 왓챠, 티빙 등 글로벌 및 국내 OTT의 성장으로 시청자가 즐길 수 있는 콘텐츠의 양이 늘어났습니다. 그러다 보니 플랫폼에서 독점으로 공개하는 영화 또는 오리지널 드라마를 추천하고 후기를 나누는 콘텐츠가 큰 호응을 얻고 있습니다. '#넷플릭스띵작', '#왓챠띵작' 등으로 활용되며 '#뮤지컬띵작', '#로코띵작'처럼 장르를 기반으로 한 방식도 자주 유통됩니다.

#립싱크 녹음된 노래에 입 모양만 맞추는 것

음악에 맞는 댄스나 영화나 드라마 속 대사를 그대로 따라 하는 콘텐츠 형식입니다. 코믹한 분위기를 연출하거나 반전 장치를 심어 자신의 콘텐츠를 각인하고자 할 때 사용됩니다. 여기서 한 가지 팁! '#POV'와 동시에 활용하면 흡입력이 훨씬 높아집니다.

#필터
AR 기술을 적용한 필터

AR 기술을 적용한 숏폼 콘텐츠도 꾸준히 인기를 유지하면서 콘텐츠에 필터를 입히는 방식이 Z세대의 놀이 문화로 자리 잡았습니다. 국내에서는 AR 카메라 앱을 통해 영상을 촬영한 뒤에 숏폼 콘텐츠로 업로드하는 경우가 많은데요. 사용자의 수요에 맞춰 메타와 틱톡은 각각 스파크 AR**Spark AR**, 이펙트 하우스**Effect House** 등의 제작 툴을 선보인 바 있습니다.

#이어찍기
틱톡 콘텐츠 촬영 방법 중 하나

이어 찍기는 원본 콘텐츠 일부 혹은 끝부분에 이어서 추가 영상을 찍는 방법입니다. 주로 유명 크리에이터의 영상에 일반 사용자가 이어 찍기로 참여하여 자신의 크리에이티브를 보여주고자 할 때 사용됩니다. 콘텐츠 바이럴 효과가 높아 브랜드 캠페인으로 활용하기 좋습니다.

#듀엣

원본 콘텐츠 옆에 화면을 붙여 영상을 찍는 방법입니다. 원본을 그대로 따라 해도 되고, 나란히 붙어 있는 화면을 활용해 재미있는 영상을 만들어낼 수 있습니다. 각자의 크리에이티브가 합쳐져서 원본과는 전혀 다른 콘텐츠가 탄생하기도 합니다.

5
소비
미러링 컨슈머

Mirroring Consumer

MZ세대 소비자는 '미러링'이라는 단어로 설명할 수 있습니다. 자신이 추구하는 이미지의 브랜드나 해당 이미지가 투영된 인물에 따라 구매를 결정하고, 과거의 소비 경험을 현재에 가져와 떠올리거나 비슷한 경험을 현재에 맞게 각색하기 때문입니다. 빠르며 직관적인 숏폼은 미러링 소비의 새로운 트리거가 됩니다.

이미지로 소비하는 세대

가치 소비, 플렉스, 소확행. MZ세대가 보이는 소비 행동의 기저에는 공통된 인식이 깔려 있습니다. 제품을 브랜드가 생산하는 재화 자체로 보지 않고, 브랜드가 상징하는 이미지로 구매하는 거죠. 명품 브랜드에 대한 수요도 여기서 출발합니다. 하나금융경영연구소의 〈세대별 온라인 소비행태 변화와 시사점〉 보고서에 따르면 2020년 20대의 온라인 명품 구매 결제 금액은 전년 대비 80퍼센트 증가했습니다. 고관여제품이 아니더라도 액세서리, 화장품과 같은 비교적 작은 제품으로 명품의 아이덴티티를 향유하고자 하는 이들이 늘었기 때문입니다.

MZ세대가 추구하는 이미지는 브랜드뿐 아니라 인물에도 투영되어 있습니다. 자신이 동경하는 인플루언서가 사용하거나 추천하는 제품을 구매해서 그와 같은 라이프스타일을 누리고자 하는 거죠. 이는 숏폼 해시태그 중 하나인 '#손민수'를 통해 해석할 수 있습니다. 손민수는 웹툰 〈치즈 인 더 트랩〉에서 여주인공 홍설의 외모를 흉내 내는 대학 동기의 이름인데요.

캐릭터의 임팩트가 워낙 강했던 탓에 MZ세대 사이에서 '누군가를 따라 했다'는 의미로 사용되고 있습니다. '손민수템'의 후기를 전하거나 인플루언서와 자신의 모습을 비교해 보여주는 포맷이 인기입니다.

이 심리를 자극하고 싶다면? 버티컬 커머스 플랫폼[9]의 인스타그램 릴스 활용법을 참고하면 좋습니다. 이들의 릴스는 플랫폼 특유의 인스타그래머블함을 활용하여 브랜드의 이미지를 가장 직관적으로 보여주거든요. 29CM는 HR, 디자이너, 에디터 등의 임직원이 사용하는 제품을 '왓츠 인 마이 백'What's in my bag 시리즈로 연재한 바 있습니다. 사내 전문직군이 선택한 제품이라는 신뢰감과 함께 패션 플랫폼이 주는 트렌디한 이미지를 동시에 전달하는 거죠. W컨셉 인스타그램은 패션 유튜버 등과 같은 인플루언서를 내세워 특정 브랜드 제품을 집중적으로 노출합니다. 틱톡과 구분되는 감성적이고 차분한 무드가 돋보이며, 일반 게시물보다 높은 조회수를 기록하고 있습니다.

---

9 Vertical commerce platform, 인테리어 · 식품 · 패션 등 특정 카테고리의 제품을 전문적으로 판매하는 이커머스 플랫폼.

스토리로 경험을 자극하고 대체한다

숏폼 사용자는 제품에도 서사를 부여합니다. 향수를 예로 들어보겠습니다. 제품의 가격, 용기, 향기 등의 정보는 오브젝티브 컨슈머[10]에게는 유용하지만, 다른 사용자에게는 큰 영향력이 없습니다. 하지만 '이거 뿌리고 간 날 어떤 남자가 뒤돌아 봄'이라는 스토리와 잔잔한 BGM이 입혀진 영상은 다릅니다. 향수가 필요하지 않은 이들이라도 솔깃할 만한 소구점이 있으니까요.

모두가 공감하는 소재를 접목하면 도달 범위는 더욱 넓어집니다. 여름에는 휴가를 가고 겨울에는 크리스마스를 즐긴다는 계절감. 연애, 아르바이트, 쇼핑과 같은 일상. 연인, 가족, 친구와의 관계. 이것들을 조합하면 다수를 관통할 만한 상황이 완성됩니다. 같은 추천형 콘텐츠라도 '여름 코디'보다는 '바다에서 단체 사진 찍을 때 좋은 룩'에 눈이 가니까요. MBTI의 상징성을 이미지화하는 콘텐츠도 많습니다. '시원시원하고 매

---

10 Objective consumer, 구매라는 뚜렷한 목적을 갖고 제품을 탐색하는 소비자.

력 있는 ENFP'나 '고독을 즐기는 INFP'에 어울리는 제품을 매
칭하는 거죠.

여기까지가 소비자를 제품에 닿게 하는 스토리텔링이라면,
반대로 제품을 소비자에게 오게 하는 스토리텔링도 있습니다.
'만약 ○○가 남사친이라면'이라는 주제의 콘텐츠는 브랜드를
의인화하는 콘텐츠입니다. 삼성은 엘리트 직장인, 애플은 감
각적인 대학생처럼 통상적으로 생각하는 이미지를 크리에이
터가 묘사하는 거죠. 브랜드 관점에서는 소비자와의 거리를
좁히고, 직접적인 소통을 가능하게 하는 콘텐츠입니다.

틱톡 × 당근마켓 캠페인　　　　　　　　　　　　　　　(출처: 당근마켓)

실재하는 제품이 아니라 무형의 서비스라면, 어떤 방식이 용이할까요? 틱톡과 중고거래 플랫폼 당근마켓이 함께한 '당근이세요' 캠페인으로 이야기를 시작하면 좋겠습니다. "당근이세요?" 당근마켓을 한 번이라도 이용해본 사람이라면 듣기만 해도 어색하고 설레는 순간. 당근마켓은 이와 같은 대면 거래의 순간을 뮤지컬 형식의 광고로 제작했는데요. 해당 광고의 음원을 사용해 립싱크하는 방식으로 틱톡 챌린지를 진행했습니다. 립싱크는 음원이나 대사에 싱크를 맞추되, 다양한 표정이나 소품으로 크리에이터의 개성을 보여줄 수 있다는 점에서 꾸준히 사랑받는 숏폼 콘텐츠 소재인데요. 당근마켓은 TV CF를 틱톡스럽게 재해석한 캠페인으로 브랜드를 경험해본 사람이라면 누구나 공감할 만한 순간을 새로운 콘텐츠로 전달했습니다.

이 캠페인이 성공한 이유는 사용자의 자발적인 참여와 공유에 있습니다. 사용자들이 새로운 밈을 만들며 '#당근이세요' 해시태그가 확산된 건데요. 공식 음원 립싱크를 넘어 "당근이세요?"라는 물음에 "소시지인데요?", "대파인데요?"라고 답하는 이어 찍기 영상이 기하급수적으로 늘어났습니다. 특히 '줄줄이 소시지 버전'이라 불리는 이어 찍기 영상은 당근마켓의 공식 영상보다 더 높은 조회수와 댓글 수를 기록했습니다. 결과적으로 6,000여 개가 넘는 UGC가 탄생했죠.

안 되면 되게 하는 AR 체험 필터

제품 구매 방식이 오프라인에서 온라인으로 전환되면서, 대체 경험을 선사하는 것이 업계의 화두로 떠올랐습니다. 소비자가 매장에 가지 않아도 맛을 상상하고, 냄새를 기억하고, 촉감을 가늠할 수 있게 해야 했죠. 온라인의 자극은 보는 것과 듣는 것, 두 가지뿐입니다. 이 두 가지로 충족할 수 없는 경험은 어떻게 구현해낼 수 있을까요? 해답은 제품의 강점과 소비자의 소구점을 관통하는 AR 필터에 있습니다. 이를 가장 잘 활용하는 뷰티업계를 예로 들어보겠습니다.

'톤망진창'이란 말을 들어보셨나요? 이는 자신의 퍼스널 컬러와 어울리지 않는 제품을 사용해 엉망진창이 된 모습을 뜻합니다. 자신의 톤에 맞는 색조 화장품을 사용하려는 트렌드가 반영되어 있습니다. 요즘 소비자가 화장품을 구매할 때 가장 중요하게 고려하는 포인트는 '색이 예쁜가'가 아닌 '나와 어울리는가'입니다.

화장품 브랜드 클리오는 '프로 아이 팔레트'라는 아이섀도 제품 출시에 맞춰 발색을 확인할 수 있는 인스타그램 릴스 필터를 제작했습니다. 세 가지 옵션을 클릭해본 후, 어떤 호수가 나의 톤에 어울리는지 확인할 수 있기 때문에 정보를 찾는 수고로움을 대폭 줄여주죠.

또 다른 브랜드 닥터자르트는 페이스 마스크 제품을 출시하며 틱톡에서 AR 필터를 선보였습니다. 필터를 선택하면 얼굴에 민트색의 머드마스크가 부착되고 광택 피부로 변하는데요. 이는 '우리 마스크팩을 사용하면 모공, 피지 없는 광택 피부가 될 수 있다!'라는 메시지를 전달하고 있습니다. 필터를 통해 자연스레 제품의 효과를 학습시킨 셈이죠. 필터를 사용해본 이들에게 인지도를 쌓을 수 있는 건 덤이고요.

#명품룩　　　　　　　　　명품 브랜드의 아이덴티티를 활용

샤넬, 에르메스, 디올, 셀린느와 같은 명품 브랜드 제품만을 이
야기하는 해시태그는 아닙니다. 비슷한 분위기를 지니거나 아
이덴티티가 묻어나는 제품을 통칭하는 키워드인데요. 예를 들
어 SPA 브랜드의 대표 격인 자라ZARA를 소재로 '자라에서 명품
찾기'라는 콘텐츠를 제작한다면, 여기에도 '#명품룩' 해시태그
를 적용할 수 있습니다.

#손민수　　　웹툰 〈치즈인더트랩〉에서 주인공 홍설을 따라 하는 캐릭터

동경하는 이의 머리 모양이나 옷 스타일을 따라 하는 행위를
비유적으로 표현하는 방식입니다. '방탄소년단 멤버의 머리 색
을 손민수했다', '아이유 원피스 손민수한 썰 푼다'와 같이 사용
됩니다. '손' 대신 사용자의 성을 넣어 '○민수'라는 신조어도 탄
생했는데요. '#손민수템', '#손민수후기' 등의 해시태그를 검색
하면 더 많은 콘텐츠를 확인할 수 있습니다.

#참고하기좋은 제품이나 서비스를 소비할 때

제품을 구매하거나 서비스를 소비할 때 '참고하기 좋은' 팁을 공유하는 콘텐츠 형식입니다. 신제품 사용법이나 패션 코디와 같이 주관적인 의견이 담긴 소재가 많습니다. 할인이나 행사처럼 사용자가 놓치기 쉬운 가격 혜택을 알리고, 품절 또는 대란으로 구매가 어려웠던 제품의 구매처를 공유하는 것 또한 소재가 될 수 있습니다.

#MBTI별추천 사용자의 MBTI에 맞춘 추천 콘텐츠

MBTI Myers-Briggs Type Indicator는 마이어스Myers와 브릭스Briggs가 스위스의 정신분석학자 카를 융Carl Jung의 심리 유형론을 토대로 고안한 자기 보고식 성격 유형 검사입니다. 자신을 보여주고 표현하는 데 익숙한 세대에게 MBTI만큼 좋은 지표는 없죠. 최근에는 MBTI에 뷰티, 패션, 음식 등의 카테고리를 접목한 콘텐츠가 각광받고 있습니다.

#튜토리얼

쉽고 빠른 개별 지도

낯선 것을 익숙하게 만드는 데에는 부담이 따릅니다. '#튜토리얼' 콘텐츠는 사용자에게 새로운 것을 쉽게 안내하고 보다 빠르게 적응할 수 있도록 돕는 역할을 합니다. 숏폼에서는 메이크업이나 패션 카테고리가 인기입니다.

PART

2

숏폼
마케팅

숏폼 마케팅이 당장의 과제인 기업의 실무자, 마케팅 담당자분들이 많을 것이라고 생각합니다. 2부에서는 그런 분들의 가려운 부분을 긁어드릴 수 있도록 숏폼 전문가의 인사이트를 제공합니다. 틱톡이 서비스를 시작한 초창기부터 3대 숏폼 플랫폼 구도가 안정화된 지금까지, 선발대로 출발해 오로지 숏폼 마케팅에만 5,000여 시간을 투자하며 검증한 전략을 나누고자 합니다. 이제 막 숏폼을 준비하시는 분들에게 도움이 되길 바랍니다.

짧아지는 마케팅

'이렇게나 짧은 영상이 마케팅에서 어떤 역할을 수행할 수 있을까?' 처음 숏폼을 접했을 때는 머릿속이 너무나 복잡했습니다. 영상 속 인물은 정신없이 연기를 펼치고, 보는 사람은 시간 가는 줄 모르는 콘텐츠. 몇 번 더 접하다 보니 궁금증이 생겼습니다. 숏폼으로 마케팅을 한다면 어떨지, 어떻게 활용해야 할지에 대한 답을 찾게 됐죠. 여러분의 생각은 어떤가요? 단순히 주요 소셜 미디어 플랫폼이 숏폼에 진출했기 때문에 관심이 있는 건가요? 아니면 기획과 제작이 간단할 것 같아서인가요?

숏폼을 마케팅에 접목한다는 것은 생각보다 쉽지 않습니다. 한 편 한 편이 짧기 때문에 한 사람이 조회하는 평균적인 콘텐츠의 양이 다른 영상 플랫폼에 비해 많은 편입니다. 즉, 노출 기회는 많을 수 있지만 브랜드 메시지를 제대로 전달하기 어려울 수 있습니다. 비선택적으로 다수가 노출되다 보니 1~2초 안에 사용자가 시청할 원동력을 제공하지 못하면 콘텐츠로서 수명이 닳습니다. 또한 숏폼 사용자들의 반응은 극과 극으로 치우쳐 있습니다. 간단히 말해 '평타'가 보장되지 않습니다. 쉽게 접근하기보다 좀 더 전략적으로 고민할 필요가 있습니다.

이번 챕터에서는 먼저 '숏폼 마케팅의 꽃'이라고 할 수 있는 챌린지에 대해 살펴보겠습니다. 두 번째로는 다이내믹한 커뮤니케이션과 기회를 찾아볼 수 있는 미디어 운영에 대해 이야기하겠습니다. 마지막으로 숏폼의 공간에 직접적으로 메시지를 전달하는 광고 매체로서의 활용에 대해 짚어보고자 합니다.

앞서 언급한 3대 숏폼 플랫폼 유튜브 쇼츠와 인스타그램 릴스, 틱톡이 모두 각각 독특한 생태계와 환경을 가지고 있는 만큼, 마케팅 관점에서의 활용에 대해 이야기하기 전에 플랫폼별로 어떤 특징이 있는지 살펴보겠습니다.

챌린지 캠페인

Challenge Campaign

밈과 해시태그를 기반으로 생산되고 소비되는 숏폼 콘텐츠. 이곳에서의 마케팅은 챌린지로 완성된다고 해도 과언이 아닙니다. 아직도 챌린지가 미션을 수행하고 이를 이어가는 행위로만 보이시나요? 이제 챌린지는 Z세대뿐 아니라 전 세대 소비자를 타깃으로 할 수 있는 마케팅 캠페인입니다. 챌린지 캠페인을 기획하고 실행하는 일련의 과정을 일목요연하게 정리했습니다.

2021년부터 숏폼 플랫폼에서 단연 눈에 띄는 것은 챌린지였습니다. 물론 이전에도 아이스 버킷 챌린지와 같이 단편적으로 진행된 사례들이 있었지만, 최근의 빈도와는 많은 차이가 있습니다.

그 이유는 유튜브 쇼츠와 인스타그램 릴스의 대대적인 론칭에 있습니다. 두 플랫폼이 론칭되기 전에도, 이미 틱톡에서는 밈과 해시태그를 활용한 챌린지가 일상적으로 유통됐습니다. 하지만 그 연령층이 10대에 한정된 탓에 챌린지 문화가 수면 위로 드러나지 않았던 것이죠. 숏폼 플랫폼이 체계적으로 운영되기 시작하면서 연령층이 넓어졌고, 숏폼이 향유하는 문화가 주류로 떠오르게 됐습니다.

특히 인스타그램의 경우 계정이 없는 사람을 찾기가 힘들 정도입니다. 계정 소유주가 많다는 것은 콘텐츠를 담아낼 채널이 다양하다는 의미이기도 합니다. 즉, 챌린지라는 거창한

■ 주 시청층 통계

주 시청층	틱톡	인스타그램 릴스	유튜브 쇼츠
13~17세	20%	13.1%	12%
18~24세	32%	50%	45%
25~34세	19%	32%	25%

※〈이십세들〉, 〈OTR〉

숏폼 콘텐츠 머니타이제이션

이름이 없어도 취미나 여가로 소비되기에 충분하다는 거죠. 피부에 와닿지 않는다면 지금 스마트폰을 들어 인스타그램 앱을 누른 뒤 릴스 탭에 들어가보세요. 전 세계인이 특정 필터와 음악을 활용해 자신만의 크리에이티브가 담긴 콘텐츠를 올려놓은 것을 확인할 수 있습니다. 이제 챌린지는 하나의 마케팅 수단으로 봐야 합니다.

브랜드 목표에 맞는 기획이 핵심

'제로투 댄스'는 일본 애니메이션 〈달링 인 더 프랑키스〉의 여주인공 캐릭터 이름인 제로투에서 따온 것인데요. 미국 커뮤니티 레딧 사용자가 단편 애니메이션 〈ME!ME!ME!〉의 일부를 차용하여 제로투가 골반을 흔들며 춤을 추는 영상을 만들었고, 이후 한 틱톡 사용자가 베트남 노래인 〈하이 풋 헌〉의 리믹스 버전을 섞어 영상을 올린 것이 인기를 얻으면서 댄스 챌린지 형태로 퍼져나갔습니다. '똥밟았네'는 EBS 애니메이션 〈포텐독〉에 삽입된 뮤지컬 곡 〈똥 밟았네〉를 배경으로 한 뮤직비디오에 나오는 춤을 추는 댄스 챌린지입니다. 2000년대에 유명했던 K팝 안무를 조합했기 때문에 밀레니얼 세대의 이목까지 끌 수 있었습니다.

이 두 가지 예는 2021년 틱톡이 인기 해시태그로 꼽았을 정도로 그 영향력과 파급력을 인정받은 대형 챌린지입니다. 공통점이 보이시나요? 하나의 메인 캐릭터와 테마를 주제로 출발했지만, 특정한 프로그램이나 특정 인플루언서가 유행을 선도한 것이 아닙니다. 다수의 사용자가 크리에이터로 ① 일정 기간 동안 ② 공통 미션을 수행하며 ③ 자신만의 콘텐츠로 제작하고 ④ 업로드해 거대한 파급 효과를 일으켰죠. 이 네 가지 항목은 앞으로 우리가 이야기할 챌린지의 정의와도 같습니다. 하나하나 파악해볼까요.

① **일정 기간:** 챌린지는 결국 캠페인의 성격을 가지고 있습니다. 1년 이상 지속되는 것이 아니라 보통 1~3개월 안에 종료되는 양상을 보입니다. 유통 시장에 빗대어보자면 지속적으로 물건을 파는 대형마트가 아니라, 단기간에 화제를 일으키는 팝업 스토어와 유사합니다.

② **공통 미션 수행:** 미션은 다양한 장르와 종류를 아우릅니다. 초창기의 '아이스 버킷' 챌린지처럼 차가운 물을 머리에 붓는 챌린지가 있는가 하면, '미라클 모닝' 챌린지처럼 아침 기상 루틴을 만드는 경우도 있습니

다. 공통점이라면 누구나 따라 하기 쉬울 정도로 단순하다는 거죠. 같은 형태 안에서 각자의 개성을 발휘하게 되니 성취감과 만족감을 얻을 수 있습니다.

③ **콘텐츠:** 핵심은 콘텐츠입니다. 개인의 개성을 담을 수 있을 만큼 말랑하되, 많은 사람의 공감을 얻을 만한 원초적 재미가 있어야 합니다. 대부분의 챌린지가 음악을 활용해 댄스 형태로 기획되는 이유이기도 합니다. 댄스 챌린지에서 고민해야 할 포인트에 대해서는 다음 장에서 자세히 설명하도록 하겠습니다.

④ **업로드:** 챌린지의 본질은 '내가 만든 콘텐츠'에만 있지 않습니다. 바로 그 콘텐츠가 '내 피드'에 올라가야 의미가 성립되죠. 뚜렷한 리워드가 없음에도 상업성이 너무 강하거나, 사용자를 매력적으로 보여주지 못하는 소재라면 자연히 자신의 피드에 남기고자 하는 동기가 낮아질 수밖에 없습니다. 명심하세요. 참여가 곧 완성입니다.

챌린지를 기획하기 전에 위의 체크리스트를 통해 브랜드의 목표를 확인해보세요. 해당되는 항목이 없다면, 아마 제품 판매량을 바로 높이거나 앱 다운로드를 폭발적으로 증가시키는 등의 성과를 목표로 하는 브랜드일 겁니다. 감히 말하건대, 그렇다면 챌린지 대신 다른 방법을 찾아야 합니다.

챌린지의 KPI[11]는 좋아요나 공유 수로 확인할 수 있지만, 극적으로 매출을 향상시킬 수는 없습니다. 구체적인 예를 들어보겠습니다. 생활용품 브랜드 A가 창립 9주년을 맞이해 전 제품 900원 할인 행사를 진행한다고 합시다. 만약 A의 마케팅 담당자가 '모든 물건이 900원 싸다' 챌린지를 기획한다면 성공할까요? 고개를 끄덕이는 분은 없을 겁니다. 어떤 소셜 미디어 사용자도 자신의 피드에 관계없는 브랜드가 '900원 할인 중'이라는 메시지를 남기고 싶어 하지 않을 테니까요. 이런 메시지는 따라 하고 싶을 만한 매력이나 재미를 주기 어렵고, 피드에

---

11 Key Performance Indicator의 약자로, 마케팅 목표 달성을 위해 주목하고 관리해야 할 각 요소들의 성과 지표를 뜻한다.

■ 챌린지 기획 전 플랫폼 검토하기

	틱톡	인스타그램 릴스	유튜브 쇼츠
참여 유형	콘텐츠 기반	팔로우 & 네트워크 기반	구독 기반
크리에이터 참여도	매우 높음	높음	보통
파급력	보통	높음	매우 높음
AR 필터	가능	가능	불가능
오리지널 음원 활용	가능	가능	가능
전면 노출	가능	불가능	제한적 가능
챌린지 전용 광고 상품	있음	없음	없음

올리기 부적합한 기획으로 이어집니다. 결국 낮은 참여율만이 남게 됩니다.

챌린지를 진행하기 전 3대 숏폼 플랫폼 중에서 어떤 것을 선택할지 고민할 필요가 있습니다. 기본적으로 오리지널 음원을 보유하고 세로형으로 콘텐츠 포맷을 제공한다는 점은 동일합니다. 또한 각각 영향력 있는 인플루언서를 보유하고 있기 때문에 초반 화제성을 잡는 데도 큰 차이가 없습니다. 최근 틱톡에서 활동하던 크리에이터들이 활동 영역을 크게 확장하면서 3대 숏폼 플랫폼에서 동시에 채널을 운영하는 이들도 늘고 있고요. 모든 플랫폼에서 챌린지를 진행하면 좋겠지만, 소요

되는 예산이 클 수밖에 없습니다. 플랫폼별 시청층이 상이하고 그 노출 정도가 매우 다르니 유의할 필요도 있고요. 그래서 마케팅 목적에 가장 적합한 확산 효과를 일으킬 플랫폼을 찾는 것이 중요합니다.

일반적으로 크리에이터라고 하면 바로 유튜브 크리에이터를 떠올립니다. 실제로 유튜브에서 시작한 챌린지는 다른 플랫폼으로 확산될 가능성이 큽니다. 유튜브 쇼츠가 SM엔터테인먼트 걸그룹 에스파와 함께 진행한 '드림스 컴 트루'**Dreams Come True** 챌린지의 경우 유튜브에서만 약 2만 개의 UGC가 생성됐는데요. 릴스와 틱톡에서도 약 8만 개 이상의 UGC가 생성되며 크게 확산되는 모습을 볼 수 있었습니다.

반면 쇼츠는 챌린지 참여의 허들이 높은 플랫폼이기도 합니다. 사용자의 대부분이 시청자로 활동하며 크리에이터로 활동하는 비율은 극소수에 불과하니까요. 주위에서 유튜브를 보지 않는 사람을 찾기는 힘들지만, 정작 내가 유튜브 아이디를 알고 있는 친구는 없다시피 합니다. 즉, 인적 네트워크가 없는 공간에 나의 콘텐츠를 만들어서 올린다는 것이 가장 큰 부담으로 작용하게 됩니다. 채널에 콘텐츠를 올리려면 당장 본명으로 설정된 채널 이름부터 바꿔야 하니까요. 하지만 진입 장벽이 높은 만큼 한번 시작하면 적극적으로 참여하는 모습을 볼 수 있습니다. 특히 소셜 미디어의 영향력을 알고, 그 안에서 성공하는 크리에이터를 보고 자란 Z세대는 'Wanna be creator' (크리에이터를 꿈꾸는) 정신이 강합니다.

인스타그램 릴스는 인적 네트워크가 가장 잘 깔려 있는 플랫폼입니다. 채널을 따로 만들어야 하는 부담도 없고, 소식을 나눌 팔로워도 모여 있습니다. 릴스에서의 챌린지는 '함께'라는 가치를 기본으로 가져갑니다. 참여의 의미는 '친구와 함께 노는 것', '유행에 편승하는 것'으로 이해하면 쉽습니다. 최근에는 틱톡에서 통용되던 밈과 해시태그가 유입되고 있는데, 릴스에서는 친구들과 단체로 찍는 챌린지의 선호도가 높은 편입니다.

인적 네트워크를 기반으로 하다 보니 공부나 운동처럼 일상적인 루틴을 챌린지로 진행하는 사례도 생겨나고 있습니다. 일례로 프로듀서 레즈**Rezz**의 음원 〈Edge〉를 배경으로 한 챌린지는 릴스에서 약 41만 건의 참여가 이뤄졌습니다. 별다른 준비물 없이 음원의 극적인 효과에 맞춰 행동을 취하면 됐거든요. 여기에 편집 효과를 극대화할 수 있는 리믹스 기능과 각양각색의 AR 필터가 업데이트되면서 자신만의 개성을 녹인 콘텐츠가 불어났습니다.

틱톡이 어떤 공간인지는 바로 떠올리기 어렵습니다. 보통은 '어린 친구들이 노는 공간'이라고 생각하기 쉬운데요. 실무자들 사이에서는 그 포지션을 쇼츠와 릴스의 중간으로 정리합니다. 채널 자체를 오픈하는 것에 대한 부담은 인스타그램보다 크지만 유튜브보다는 훨씬 작습니다. 또한 챌린지를 활성화할 다양한 광고 상품이 존재해 채널을 오픈하고 나서 즐길 거리가 많기 때문에 유튜브보다 쉽습니다. 자사 IP 채널로 분석한 틱톡의 평균 인게이지먼트[12]는 6.5퍼센트로 2퍼센트대인 쇼츠와 릴스보다 월등히 높습니다. 그만큼 사용자가 자신의 감정과 의견을 활발히 교류한다는 뜻이죠. 이 같은 참여는 긍정적인 피드백으로 이어지기 때문에 생산자 입장에서는 부담이 훨씬 낮아집니다. 2020년 뷰티 브랜드 라네즈가 틱톡과 함께 진행한 'Thirst For Life'(갈증은 우리를 빛나게 하니까) 챌린지는 9,500여 개의 UGC를 생성해 대표적인 성공 사례로 남아 있습니다.

자, 이제 3대 숏폼 플랫폼 사이에 제법 뚜렷한 구분선이 그

---

12 Engagement, 소셜 미디어 사용자의 몰입도를 측정하여 콘텐츠 효율성을 판단하는 지표. 일반적으로 조회수 대비 공유, 좋아요, 댓글의 수치를 기반으로 측정한다.

려지시나요? 그렇다면 본격적으로 성공하는 챌린지를 구성하는 방법을 알아보겠습니다.

챌린지에도 성공 방정식이 있다

■ 목표 설정 ■
Q. 브랜드를 은유적으로 전달할 해시태그란?

먼저 원론적인 고민이 필요합니다. 앞서 챌린지는 인지도, 대세감, 이미지 등을 위해 진행하는 것이 좋다고 이야기했는데요. 실질적인 목표이자 KPI로 달성되어야 하는 것은 UGC의 수량과 해시태그의 언급량입니다. 그리고 UGC는 해시태그를 중심으로 모입니다. 즉, 사용자가 슬로건이나 마찬가지인 해시태그를 기억하지 못한다면 챌린지를 성공시키기 어렵습니다.

실제로 브랜드 챌린지를 분석하면, 해시태그 선정이 아쉬운 경우가 많습니다. 동기부여가 명확히 설계돼야 하는 마케팅 캠페인에서 브랜드 메시지를 해시태그에 그대로 넣어버리는 경우가 많거든요. 그 마음은 이해하지만, 효용성은 현저히

■ 숏폼 챌린지 성공 방정식

구성				확산	
목표	포인트			대세감	참여 유도
해시태그	재미 요소	난이도	오리지널 음원	인플루언서	바이럴
언더바(_) 삭제	동작형	쉽고 크리에이티브하게	후킹한 멜로디	다양한 카테고리에서 섭외	라이징 스타 발굴
짧은 음절	상황형	어렵지만 성취감 있게	상황을 표현하는 가사	활성화 지수 점검	온라인 커뮤니티
		플랫폼별 기능 지원 여부 확인		팔로워 통계로 타깃 적합도 검토	
				주력 플랫폼 확인	

Check Point

KPI

언급량 증가	영상 생성 수 + 조회수				언급량 증가 + 조회수

떨어집니다.

2021년 한 건강식 브랜드는 릴스에서 대대적으로 챌린지를 진행했습니다. '하루 식단이 브랜드를 통해 건강해진다'라는 긍정적인 의미를 지닌 챌린지였는데요. AR 필터 활용은 물론 메가 인플루언서와의 협업, 풍부한 경품까지 뭐 하나 부족한 것이 없었습니다. 단 하나, 이들이 내놓은 해시태그가 '#브랜드이름_하루식단'으로 구성됐다는 점만 빼고 말이죠.

사용자 입장에서 브랜드 이름이 노출된 해시태그를 자신의 피드에 선뜻 게재하기란 쉽지 않습니다. 오로지 경품을 얻기 위해 매력적이지 않은 챌린지를 감수할 사람도 많지 않고요. 기획 의도는 좋았지만, 결국 300여 개의 UGC를 만들어내는 데 그치며 많은 아쉬움을 남겼습니다. 이에 반해 사회공헌 플랫폼 행복얼라이언스는 결식이 우려되는 아동을 위한 기부 캠페인의 일환으로 '#행복두끼'라는 해시태그 챌린지를 진행했습니다. 사용자가 자신의 계정에 식사 인증 사진과 함께 필수 해시태그를 올리면 간단하게 캠페인에 참여할 수 있었는데요. 보시면 알 수 있듯이 짧고 명확합니다. 게다가 좋은 일에 동참한다는 기분을 느끼게 하죠. 이 챌린지는 3만 2,000여 개의 UGC를 획득하며 긍정적인 성과를 기록했습니다.

물론 해시태그 하나 때문에 이런 차이가 발생했다고 말하기는 어려울 수 있습니다. 하지만 해시태그 자체에서는 브랜드를 최대한 감추고, 챌린지 내용 안에 브랜드 메시지를 녹이는 것은 분명 더 좋은 결과를 만드는 데 도움이 될 겁니다. 해시태그를 선정할 때는 아래의 항목을 꼭 기억하세요.

○ C H E C K   L I S T

☐ 가능한 한 언더바(_)는 넣지 않기

☐ 브랜드 이름과 캠페인 슬로건은 숨기기

☐ 기억에 쉽게 남는 2~4음절로 구성하기

☐ 재밌거나 가치 있는 메시지를 포함하기

■ 챌린지 포인트 ■
Q. 브랜드 자산을 챌린지에 어떻게 녹일 것인가?

인물의 등장 여부를 결정하기

행위의 주체인 인물이 전면에 등장하는 경우에는 필터나 동작을 활용해 강한 인상을 줄 수 있습니다. 반면 공부, 운동과 같이 일상적인 행위를 인증하는 경우에는 오히려 인물이 나오지 않아야 효과적입니다. 노출에 대한 부담이 적어지는 만큼 자유롭고, 그에 따라 각자의 개성이 담길 수 있기 때문입니다. 이 같은 방식은 릴레이로 장기간 이어지기 때문에 브랜드를 지속적으로 노출하기에도 좋습니다.

재미 요소 심기

동작형

2019년 배달의민족은 틱톡에서 '배민먹방타이쿤' 챌린지를 진행했습니다. 틱톡에서 배민먹방타이쿤 게임 스티커를 사용하기만 하면 되는 이벤트 형식이었는데요. 게임상에서 날아다니는 음식 스티커를 입에 넣기만 하면 될 정도로 간단했습니다. 당시 캠페인은 일종의 공식을 검증했습니다. '쉬운 동작을 반복하는 챌린지는 참여 허들이 낮다', '참여 허들이 낮을수록 파급력이 크다'와 같은 공식입니다. 최근 들어 신곡 발표와 함께 댄스 챌린지를 진행하는 아티스트가 늘고 있는 이유도 같은 선상에 있습니다. 특정 안무를 반복하는 동작형으로 부담감을 낮춰주는 거죠.

상황형

상황형 챌린지는 호기심을 자극해야 합니다. 그리고 가능하면 콘티를 만들어주는 것이 좋습니다. '우유가 왜' 챌린지는 '냉장고를 열었더니 바나나 우유가 말을 걸었다'라는 비현실적 줄거리를, '갈래말래' 챌린지는 '남자 사람 친구가 갑자기 에버랜드에 가자고 한다면'과 같이 일상적인 주제를 전면에 내세우는데요. 하나같이 참여자의 크리에이티브를 자극합니다. 이는 곧 '재밌다. 나도 이렇게 해볼까?'라는 동기부여로 이어집니다.

상황형의 경우 의미와 가치를 담아내기도 좋습니다. 삼성전자가 2021년 해외 어머니의 날에 맞춰 미국, 싱가포르 등에서 진행한 글로벌 캠페인 'MakeMomEpic' 챌린지의 경우, 갤럭시 S21을 사용해 엄마의 위대한 순간, 엄마의 멋진 모습을 챌린지로 담아내는 형식이었는데요. 전 세계적으로 470만 개의 UGC와 함께 14억이라는 어마어마한 인게이지먼트를 획득했습니다.

난이도 설정하기

쉬운 설정은 상상력을 발휘할 기회가 되고, 어려운 설정은 성취감을 자극합니다. 대부분의 댄스 챌린지가 전자에 해당됩니다. 댄스를 기본으로 하되 '언제 어디서', '누구 앞에서', '처음 참여해보는'과 같은 상황을 접목할 수 있습니다. 그런가 하면 '지구방위대' 챌린지처럼 후자에 해당하는 예도 있습니다. 틱톡에서 진행한 챌린지 중 하나로, 10여 명이 정해진 구도에 맞춰 움직여야 하기 때문에 다른 챌린지에 비해 매우 어려웠는데요. 챌린지에 단련된 이들의 도전 의식을 불러 일으키며 약 12만 개의 UGC를 생성했습니다.

플랫폼별로 지원되는 기능에 따라서도 난이도 조정이 필요합니다. 릴스나 틱톡의 경우 AR 필터는 물론 다른 크리에이터의 영상에 이어서 찍는 기능이 활발하게 사용되고 있습니다. 그만큼 어려운 미션으로 이어질 가능성이 높다는 거죠. 반면 쇼츠는 간단한 샘플링 기능을 제외하면 리믹스나 AR 필터 같은 기능이 제공되지 않으므로 비교적 쉽게 설정하는 것이 참여를 이끌어내기 쉽습니다.

음악 만들기

챌린지에서 음악은 어떤 역할을 할까요? 재미 요소에 따라 다르게 사용될 수 있는데요. 우선 상황형에서는 음성으로 내레이션을 넣어 상황에 대한 가이드를 주거나, 잔잔한 음악으로 몰입도를 높일 수 있습니다. 반면 동작형에서는 강렬한 비트나 특정 사운드가 돋보이는 음악이 좋습니다. 모두가 챌린지 이름을 외울 수 없으니 음악을 기억하게 하는 거죠. 인기 아티스트의 음원이 챌린지에 삽입되는 이유도 여기에 있습니다.

인기 아티스트의 음원을 사용하자니 챌린지 기획 의도가 가려질까 봐 걱정되시나요? 그럴 때는 틱톡 음원을 전문으로 제작하는 업체를 찾아보면 기대 이상의 결과물을 얻을 수 있습니다. 생각보다 많은 브랜드가 전문 제작사의 음원으로 챌린지를 진행한 바 있어서 레퍼런스를 얻기 좋을 겁니다.

■ 대세감 형성 ■
Q. 어떤 인플루언서를 섭외할 것인가?

아무리 좋은 메뉴와 착한 가격을 가진 식당도 찾는 사람이 없다면 폐업 절차를 밟아야 하는 것처럼, 챌린지는 사람을 불러 모아야 비로소 완성됩니다. 인플루언서 섭외는 그래서 중요합니다. 인플루언서의 참여가 노출되는 것만으로 상당한 홍보 효과가 있거든요. 아직 챌린지에 참여하지 않은 사람들에게 참여의 계기가 되기도 합니다.

하지만 국내에서 인플루언서를 섭외하는 일은 다소 어렵습니다. 2020년 '뒷광고' 논란이 불거지면서 공정거래위원회가 지정한 '추천·보증 등에 관한 표시·광고 심사지침'이 엄격히 적용되고 있습니다. 브랜드의 섭외를 받은 인플루언서는 콘텐츠 업로드 시 '#광고', '#협찬'과 같은 해시태그를 화면 최상단에 표기해야 합니다. 이 경우 팔로워나 시청자는 보통 '숙제를 했다'라는 표현을 씁니다. 인플루언서의 참여를 달갑게 보지 않는 거죠. 따라서 인플루언서를 선정할 때에는 팔로워 규모로 접근하기보다 시딩 **seeding** 작업을 해줄 인플루언서가 어떤 이미지와 팬덤을 가지고 있는지를 한 명 한 명 점검할 필요가 있습니다.

카테고리는 다양하게

댄스 챌린지에는 어떤 인플루언서를 섭외하는 것이 좋을까요? 댄서를 섭외하면 될까요? 아닙니다. '#광고' 표기가 달린 데다가 능숙한 댄서만 모여 있으면 자칫 그들만의 리그가 되기 쉽습니다. 앞서 언급한 에스파의 '드림스 컴 트루' 챌린지가 성공했던 건 애니메이션, 코미디, 푸드, 게임 등 다양한 카테고리에서 인플루언서의 협업을 끌어냈기 때문입니다. 같은 댄스라도 '애니메이션 캐릭터가', '상황을 바꿔가면서', '음식을 기다리면서'와 같이 풀어내도록 해서 자연스럽게 대세감을 형성했습니다.

활성화 지수 측정하기

수백만의 팔로워를 가지고 있는 인플루언서를 섭외한다고 해서 수백만 회의 노출이 생기는 것은 아닙니다. 운동선수에게 전성기와 슬럼프가 있는 것처럼, 인플루언서들에게도 컨디션이 존재합니다. 저마다의 기준은 다르지만, 최근 30일간 업로드한 콘텐츠의 수량, 팔로워 대비 평균 조회수 등을 활용해 채널의 활성화 정도를 수치로 점검하는 것이 좋습니다.

팔로워 통계 내기

'운동하는 여성 인플루언서의 팔로워는 대부분 북미 남성'이라는 낭설이 있습니다. 우스갯소리지만, 인플루언서마다 거느린 팔로워와 구독자의 인구 통계가 다른 건 사실입니다. 이러한 정보는 보통 인플루언서가 소유하고 있지만 공개하길 꺼리기 때문에 겉으로 드러나 있는 것들을 토대로 조합해갈 필요가 있습니다. 이때 가장 쉬운 방법이 댓글 스크리닝입니다. 댓글에서 자주 보이는 단어들의 패턴, 기재된 언어의 비중, 작성자의 계정을 확인하여 성별을 구체화하는 겁니다. 이를 반복하다 보면 여러분만의 알고리즘이 구축됩니다.

주력 플랫폼 점검하기

쇼츠 영상에 틱톡 로고가 박혀 있거나, 틱톡 영상의 해시태그에 '#릴스'가 표기된 경우가 심심치 않게 보이고 있습니다. 숏폼 플랫폼이 활성화되면서 숏폼 콘텐츠 하나로 다양한 플랫폼을 커버하고 있다는 거죠. 실제로 최근 1년간 틱톡커의 인스타그램 팔로워와 유튜브 구독자가 급증했으며, 유튜버는 틱톡과 인스타그램으로 영역을 넓혔습니다. 그럼에도 불구하고 인플루언서마다 주력으로 삼는 플랫폼은 아직까지 구분되어 있습니다. 인플루언서를 선정했다면 그가 어떤 플랫폼에서 진가를 발휘하는지 챌린지 목적과 예산에 맞춰 점검해보세요.

▪ 참여 유도 ▪
Q. 어떻게 자발적인 참여를 이끌어낼 것인가?

식당을 차렸습니다. 메뉴도 훌륭하고 가성비도 좋습니다. 블로거와 인플루언서를 통해 홍보도 했습니다. 이제 손님들이 저절로 찾아오고 입소문을 타 맛집이 되는 꿈을 꾸기만 하면 되는 걸까요?

챌린지의 참여와 확산은 식당이 손님을 모아 맛집으로 자리매김하는 과정과 같습니다. 더 자세히 말하면 '입소문'이 필요한 건데, 이를 놓치는 챌린지가 많습니다. '자발적인'의 의미를 잊은 채 리워드에 의존하는 경우가 대부분이죠. 값비싼 경품이 흥행의 킥kick이라고 불렸던 때도 있었지만, 그 효과는 점점 더 떨어지고 있습니다. 참여를 이끌어내는 것은 쉽지 않은 일이지만, 경험을 통해 확인한 방법이 있습니다.

챌린지 참여는 'Wanna be creator'라는 가치관에서 출발한다고 했습니다. 챌린지를 진행할 때, 인플루언서와 함께 참여자들의 영상을 모아 보고 리뷰하며 베스트를 뽑는 콘테스트를 개최해보는 것은 어떨까요? 라이브 방송을 하는 인플루언서라면 더욱 효과적으로 진행할 수 있을 겁니다.

무릎을 꿇고 고개를 이리저리 움직이는 '무릎춤'으로 유명한 인플루언서 '오킹'은 챌린지의 개념이 정립되기 전에 무릎춤을 주제로 한 라이브 콘테스트를 열었습니다. 라이브 시청자의 반응도 좋았고, 무엇보다 유튜브에 공개한 편집본 또한 100만 뷰를 넘겼습니다. 당시 참가자 중 한 명은 현재 10만 명

이상의 구독자를 보유한 숏폼 크리에이터로 성장했습니다. 상업성을 띤 콘테스트는 아니었지만, 만약 그랬다면 굉장히 성공적인 성과를 냈을 겁니다. 관건은 보는 이의 경쟁의식을 자극하고 '나도 라이징 스타가 될 수 있겠다'라는 기대감을 심어 주는 겁니다.

2
미디어 운영

Media Channel

소셜 미디어에 겨우 적응했더니 숏폼이라는 '새로운 무언가'가 등장했습니다. 대세에 합류하기 위해 트위터, 페이스북, 인스타그램, 유튜브 채널을 열심히 운영했더니 이제 또 숏폼이라니, 막막하신가요? 컴퓨터 운영체제로 생각하면 텍스트 기반의 DOS를 배웠더니 갑자기 윈도우 사용법을 익혀야 하는 것과 같을지도 모릅니다. 새로운 과제 앞에서 막막함을 느끼거나, 어떻게 접근해야 할지 고민 중인 분들에게 도움이 될 내용을 풀어봤습니다.

숏폼 콘텐츠를 전문적으로 발행하는 미디어 채널이 있다면 무엇이 좋을까요? 미디어는 크게 플랫폼, 콘텐츠, 사람이라는 세 개의 축으로 이루어져 있습니다. 토대가 되는 플랫폼을 정하고, 기조와 철학에 맞는 콘텐츠를 제작하고, 찾아오는 사람들과 소통하는 것. 즉, 미디어는 커뮤니케이션을 위해 존재합니다.

하나의 미디어를 운영한다는 것은 어떻게 보면 브랜드 입장에서 굉장히 큰 투자라고 할 수 있습니다. 일단 지속적으로 관리해야 하니 부담감이 높습니다. 미디어만 오픈한다고 고객들이 찾아오지는 않으니 콘텐츠를 채워야 합니다. 무언가를 기획하고 제작하려면 그만큼의 인력과 시간을 투자해야 합니다. 다른 말로 돈이 듭니다.

2010년대 블로그 중심의 브랜드 저널리즘이 인기이던 시절에는 짧은 텍스트와 몇 장의 이미지만으로 콘텐츠를 구성할 수 있었습니다. 한 달에 올려야 할 콘텐츠 수량 역시 부담이 크지 않았습니다. 하지만 페이스북과 인스타그램으로 웹 2.0 시대가 열리면서 주기성이 생겼습니다. 인적 기반의 네트워크인 소셜 미디어에서는 정기적으로 콘텐츠를 올리지 않으면 그만큼 노출 기회를 얻기 어렵고, 제 기능을 못 하게 되니까요. 그

래도 이때까지만 해도 하나의 콘텐츠로 다양한 채널을 커버할
수 있었습니다.

2020년대 유튜브 시대가 막을 열면서 브랜드가 넘어야 할
산이 생겼습니다. 이제는 텍스트나 이미지를 넘어 영상을 기
반으로 미디어 운영을 해야 합니다. 더군다나 유튜브의 문법
과 시청 패턴은 페이스북, 인스타그램 같은 기존의 소셜 미디
어와 매우 다릅니다. 경쟁 역시 한층 치열해졌습니다. 기존에
는 인플루언서의 영역과 브랜드의 마케팅, 홍보를 위한 영역
이 나름대로 잘 나뉘어 있었고, 사용자들 역시 나누어서 보는
패턴이 존재했습니다. 하지만 유튜브에서는 유튜버라는 전문
크리에이터와 경쟁해야 합니다. 그러기 위해서는 더 많은 노
력과 고민이 요구됩니다. 설상가상으로 운영을 위해 투자해야
할 자본, 인력 등이 차원을 달리합니다.

혹자의 말을 빌리면 "마치 평면에서 입체로 넘어온 듯한 느
낌"과 같습니다. 하지만 다양한 플랫폼에서 브랜드 미디어를
운영해본 입장에서 이 문장은 중의적으로 읽힙니다. 난관도
있지만 새로운 가능성도 보이거든요. 요약하자면 숏폼은 기존
미디어를 뛰어넘을 새로운 기회입니다.

가장 효율적이고 확실한 전략

과거 브랜드가 쉽게 미디어 채널을 오픈했던 이유는 이미지 콘텐츠 하나를 제작하면 페이스북과 인스타그램에 동시에 업로드하는 것이 가능했기 때문입니다. 숏폼 미디어에서도 그렇습니다. 한 개의 영상으로 쇼츠, 릴스, 틱톡 총 세 개의 플랫폼을 동시에 커버할 수 있습니다. 비단 세 개의 플랫폼을 모두 커버하는 것뿐만 아니라 서로 다른 시청 타깃을 커버한다는 점에서 매력적입니다. 운영에 들어가는 인력과 시간 대비 효율적인 퍼포먼스를 기대할 수 있는 부분입니다.

이뿐만 아니라 미디어의 시청 패턴이 '비선택적'이라는 점에서도 효율을 기대해볼 수 있습니다. 숏폼 미디어에서는 하나의 영상을 시청한 뒤 그다음에 나올 영상을 예측할 수 없습니다. 그저 알고리즘에 100퍼센트 기대야만 하죠. 여기서 효율이 발생합니다. 가령 유튜브에 영상 콘텐츠 한 개를 업로드할 때는 보통 영상뿐만 아니라 메타데이터를 설정하고 섬네일과 기타 여러 가지를 함께 관리해줘야만 합니다. 하지만 숏폼에서는 관리해야 할 요소가 상대적으로 훨씬 적습니다.

혹시 10분짜리 영상 콘텐츠를 촬영, 제작해본 경험이 있으신가요? 물론 콘텐츠의 카테고리와 상황에 따라 많이 다르겠지만, 토크 예능을 예로 들어보면 촬영에는 작가, 카메라 감독, 조명 및 미술 담당, 추가적으로 제작 PD 등이 투입됩니다. 거기에 출연자, 편집을 담당할 인력까지 고려하면 그 수가 더욱 늘어납니다. 한 개의 콘텐츠에 제작 인력만 열 명 이상인 경우가 허다합니다. 그러다 보니 제작하는 입장에서도 운영하는 입장에서도 의사결정이 쉬운 경우가 거의 없습니다. 하지만 1분 미만의 콘텐츠에서는 비교적 부담이 덜합니다. 제작 과정이 장편에 비해 짧고 간결해지니까요.

운영에서도 묘수를 발휘할 수 있습니다. 이미 촬영한 10분 분량의 콘텐츠가 있다면? 클립 형태로 잘라 숏폼 콘텐츠 다섯 편을 제작할 수 있습니다. 많은 예능 채널에서 사용하는 방식이기도 합니다. 한 번의 촬영에서 하나의 시리즈가 나오는 겁니다.

플랫폼마다 생리가 있다

유튜브 쇼츠는 자리매김에 성공했습니다. 다른 플랫폼보다 MAU가 높은 것은 물론, 콘텐츠 평균 조회수도 매우 높습니다. 론칭 이래로 높은 성장률을 보이고 있고, 다른 플랫폼에는 없는 수익 시스템도 활발하게 운영되고 있습니다. 크리에이터의 참여도 적극적인데요. 이미 축적한 영상 콘텐츠를 쇼츠로 편집해 유통할 수 있다는 데에 매력을 느끼는 듯합니다. 다만 일반 영상과 달리 별도 섬네일을 지정할 수 없다는 한계가 있는데요. 이를 현명하게 극복한 채널이 있습니다.

GOOD REFERENCE

콘텐츠 스튜디오 플레이리스트는 공식 유튜브 채널 〈PLAYLIST ORIGINALS 플레이리스트 오리지널〉에서 시리즈로 연재되는 웹드라마를 공개하고 있는데요. 노출 우선 순위, 비주얼 요소를 고려해 〈SHORTPLY 숏플리〉라는 쇼츠 전용 채널을 오픈. 오리지널 콘텐츠를 짧게 편집하여 내보내는 방식으로 높은 성장을 기록하고 있습니다.

- 영상 길이: 15초~90초
- 노출 위치: 쇼츠 탭, 검색, 탐색, 채널 등
- 유튜브 음악 라이브러리로 음악 삽입

인스타그램 릴스의 뿌리는 플랫폼에 깊게 박혀 있습니다. 인스타그램의 인적 네트워크에 기반을 둔 콘텐츠가 제작되고 유통됩니다. 쇼츠와 구분되는 릴스의 강점은 별도의 피드가 존재한다는 겁니다. 릴스 피드가 따로 있기 때문에 일반 콘텐츠와 분리가 가능합니다. 제품 태그가 가능해서 브랜드가 신제품을 홍보하기에도 적합합니다.

GOOD REFERENCE

에이블리코퍼레이션이 운영하는 스타일 커머스 플랫폼 '에이블리'는 공식 인스타그램을 통해 릴스 콘텐츠를 활발하게 생산하고 있습니다. 기존 이미지형 콘텐츠보다 직관적인 정보 제공이 가능한 영상의 이점을 잘 활용하고 있는데요. 시의성 있는 주제에 맞춰 코디를 알려주는 시리즈를 꾸준히 노출 중입니다.

- **영상 길이: 최대 1분**
- **노출 위치: 기본 피드, 릴스 피드, 스토리, 탐색 등**
- **인스타그램 뮤직 기능으로 음악 삽입**
- **촬영 기능, 속도 조절, AR 필터, 카운트다운 및 자동 녹화 시간 설정, 영상 정렬 및 수정 가능**

틱톡에서는 좀 더 역동적이고 크리에이티브 가득한 콘텐츠를 중심으로 운영할 수 있습니다. 인게이지먼트도 높고 피드백도 활발한 편입니다. 무엇보다 신규 채널 오픈을 고려하는 브랜드에게는 좋은 기회가 될 수 있습니다. 광고 상품 중에 해시태그 챌린지가 있어서 미디어의 오픈과 챌린지를 함께 진행할 수 있거든요. 이는 곧 챌린지로 탄생한 수많은 UGC, 음원, 필터와 스티커를 브랜드 채널로 가져올 수 있다는 뜻입니다.

브랜드 채널을 오픈하기 전에 틱톡 내 자사 브랜드 해시태그가 있는지, 있다면 어떤 콘텐츠들이 주류를 이루는지 확인해도 좋습니다. 이미 존재하는 해시태그를 활용하여 미디어를 오픈하는 것도 좋은 방법입니다.

GOOD REFERENCE

명품 패션 브랜드 구찌는 브랜드 미디어의 대표 주자입니다. 틱톡 사용자가 자체적으로 제작하여 확산된 'How to be a Gucci model'(구찌 모델처럼 입는 법)이라는 밈을 활용하여 채널을 오픈하고 챌린지도 진행하며 화제를 모았습니다.

- 영상 길이: 15초~10분
- 노출 위치: 모바일 앱 전체
- 촬영 기능, 각종 필터와 스티커, 광고 상품 활용 가능

숏폼 미디어를 왜 운영해야 하는지 확인했다면, 어떤 브랜

드가 그에 적합한지에 대해 고민해볼 시간입니다. 아래 항목 중에서 두 개 이상 해당된다면 지금 당장 오픈을 준비해도 좋겠습니다.

CHECK LIST

☐ 마케팅 예산을 자체 콘텐츠에 투자하고 싶은 브랜드

☐ MZ세대를 타기팅하고 있는 브랜드

☐ 대표 캐릭터나 페르소나를 보유한 브랜드

☐ 이미 제작한 영상 콘텐츠가 100편 이상인 브랜드

콘텐츠를 알아야 길이 보인다

미디어를 성공적으로 구축하고 운영하기 위해서는 미디어 운영 기조와 더불어 콘텐츠의 방향을 확실하게 설정해야 합니다. 지금까지 미디어가 들어갈 플랫폼을 다루며 여러분께 고민할 거리들을 제공했다면, 이제 실질적인 운영에 대해 이야기해보려고 합니다.

■ 채널 오픈 ■

틱톡은 기존 채널을 그대로 운영하면 되고, 릴스 역시 기존 채널에 숏폼을 추가하는 형태로 운영하는 것이 좋습니다. 다만 유튜브의 경우는 조금 다를 수 있습니다.

물론 대부분의 브랜드가 유튜브 채널을 운영하고 있습니다. 그럼에도 유튜브 채널에 숏폼 콘텐츠를 더해 강화하는 방안을 제안하지 않는 이유가 있습니다. 기존 구독자들이 숏폼 콘텐츠를 어떻게 받아들일지를 먼저 고려해야 하기 때문입니다.

숏폼 콘텐츠는 호흡이 빠르고 직관적입니다. 만약 여러분이 긴 호흡을 전문으로 하는 유튜브 채널의 구독자라면 갑작스러운 변화가 당황스러울 겁니다. 30분짜리 콘텐츠를 기대했는데 갑자기 1분짜리 짧은 예능이 나온다면 실망할 수도 있고요. 긴 설명이 오히려 혼란스러울 수 있기 때문에 거두절미하고 알고리즘을 구성해봤습니다. 아래 항목을 통해 해답을 찾아보세요.

■ 숏폼 운영 가능 여부 점검하기

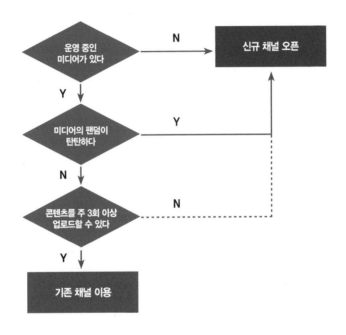

■ 캐릭터 ■

캐릭터의 유무는 많은 논의를 거쳐야 합니다. 브랜드 미디어를 대표할 뿐 아니라 향후 브랜드의 상징이 될 수 있으므로 신중하게 결정해야 합니다. 그렇다면 어떤 요소를 고려해서

숏폼 콘텐츠 머니타이제이션

결정해야 할까요?

우선 캐릭터의 유무가 콘텐츠의 방향성을 좌우한다는 점을 인지해야 합니다. 캐릭터가 있다면 기본적으로 캐릭터를 활용한 기획에 집중하게 됩니다. 이때 최고의 장점은 주제가 정해져 있으니 아무래도 제작이 간편하다는 점입니다. 최근에는 캐릭터를 내세워 챌린지를 진행하는 브랜드도 늘고 있습니다. 카카오 프렌즈 캐릭터 라이언과 춘식이, 유튜브 채널 〈짤튠〉 속 캐릭터가 댄스 챌린지에 참여한 것처럼요.

대표적으로 롯데홈쇼핑의 캐릭터인 '벨리곰'이 있습니다. 벨리곰은 롯데홈쇼핑이 2018년 MZ세대 직원들을 대상으로 진행한 사내 벤처 프로그램을 통해 탄생한 캐릭터인데요. 깜찍한 외양과 '일상 속에서 웃음을 주는 곰'이라는 세계관을 갖고 있습니다. 자체 유튜브 채널 〈벨리곰TV〉는 물론이고 인스타그램, 틱톡 등에서 다양한 숏폼 콘텐츠로 팬덤을 구축했습니다. 최근에는 와디즈 펀딩과 기획전을 진행하는 등 브랜드 IP의 영역을 개척해가고 있습니다.

캐릭터는 팬덤 구축으로 이어집니다. 브랜드와 탄탄한 연결 고리를 생성해놓으면 상상 이상의 가치가 있지만, 당연히 리스크도 따릅니다. 캐릭터의 실수와 이슈 등이 브랜드에 그대로 영향을 주거든요. 통제 가능한 버추얼 인플루언서[13]가 브랜드 인플루언서로 등장하는 이유도 이 때문입니다. 마지막으로 한번 캐릭터를 정하면 변경하기가 매우 어렵다는 점도 하나의 단점으로 꼽힙니다.

캐릭터가 없을 땐 채널의 콘셉트가 매우 중요해집니다. 처음부터 콘셉트 오리지널리티를 고민하기보다는 여러 아이템을 기획해보면서 브랜드만의 색깔을 완성해가는 게 좋습니다. 가령 '비트는 빠른데 화면은 엄청 느린 레시피', '엉망진창으로 입는데 멋진', '스톱모션을 활용한 정보성', '60초 안에 성공해야 하는' 등 다양한 아이템을 시도해보세요. 이 과정에서 브랜드 메시지를 녹여보고 효용성을 점검하는 걸 추천합니다.

■ 콘텐츠 문법 6 ■

상황과 특징

숏폼이라는 짧은 세로형 영상 콘텐츠에도 TPO와 문법이

---

13 Virtual influencer. 인공지능과 컴퓨터 그래픽을 합쳐 만든 가상의 인물 중 사회적 영향력이 큰 인플루언서를 지칭한다.

존재합니다. 이를 지키지 않은 콘텐츠는 사람들의 공감을 얻을 수 없으며, 결국 봐주는 이 하나 없이 플랫폼을 떠돌게 됩니다. 미디어 채널의 목적은 브랜드 정보를 제공하는 겁니다. 브랜드의 신제품, 업데이트, 프로모션 등을 알리는 것. 가장 대표적인 형태가 상황과 특징을 강조하거나 스토리를 넣는 방법입니다. 이는 곧 제품 및 서비스의 USP[14] 강조로 이어지는데요. 거창하지 않고 일상적이거나 간단한 설정이라도 충분합니다.

- **용돈 관리 팁을 제공하는 금융 브랜드 A**
  USP: 영수증 자동 관리
  상황 설정 예시: 한정된 용돈으로 생활하는 고등학생이 한정판 신발을 사는 방법은?

- **신제품을 출시한 식음료 브랜드 B**
  USP: 조리할 때 나는 지글지글 소리
  상황 설정 예시: 온 가족이 모인 명절, 대학생 삼촌의 피규어를 망가트리려는 초등학생 조카. 누구도 막을 수 없을 줄 알았던 조카의 주의를 환기하는 맛있는 소리의 정체는?

- **연말 시즌 세일을 진행하는 의류 브랜드 C**
  USP: 어디에나 잘 어울리는 기본 아이템
  상황 설정 예시: 패션 문외한 남자 친구도 쉽게 매치할 수 있는 티셔츠. 색깔별로 옷장에 구비하고 싶다면?

14 Unique Selling Point, 경쟁 제품에 비해 우위에 있는 차별점을 지니는 핵심 요소.

스토리텔링

스토리텔링은 극적인 상황을 설정하면서 시작합니다. 제품이나 서비스의 USP와 연관성이 없어서 오히려 뜬금없게 보일 정도가 좋습니다. 가장 쉬운 예시는 한때 커뮤니티에서 화제를 모았던 '전 남친 토스트'입니다. 전 남친 토스트는 한 온라인 커뮤니티 사용자가 예전 연인이 만들어준 토스트의 맛을 잊지 못해 결국 연락해서 비법을 물어봤다는 글이 유명해지면서 온라인상에 퍼진 레시피입니다. 식빵에 크림치즈, 블루베리 잼이라는 간단한 조합이지만 강렬한 스토리를 가지고 있죠. 모두가 공감할 만큼 민망하고 어색한 상황이기에 오히려 '얼마나 맛있길래?'라는 궁금증을 유발합니다.

이처럼 극적인 상황 설정은 숏폼이라는 짧은 콘텐츠에서 강력한 무기가 될 수 있습니다. 강력한 스토리텔링을 활용하는 것이 짧은 시간 내에 사람들의 관심을 끄는 데 도움이 되기 때문입니다.

■ **민트초코 맛을 출시한 식음료 브랜드 D**

페르소나: 민초파[15] 친구를 짝사랑하는 나

스토리텔링: 민초파 친구를 위해 반민초인 사실을 숨기는 중 → 매번 억지로 먹을 만큼 친구를 좋아하는데, 일부러 내 마음을 모르는 척하는 건지 야속함 → 친구를 생각하며 오늘도 새로운 민초 맛에 도전 → 이 제품은 반민초인 나도 반할 만큼 맛있잖아?

■ **여름 페스티벌을 개최하는 놀이공원 브랜드 E**

페르소나: 초등학생 시절 놀이공원에서 공개 고백을 받았던 나

스토리텔링: 오랜만에 찾은 놀이공원 → 초등학생 시절 공개 고백을 받아 창피했던 순간이 떠오른다 → 청량한 여름 페스티벌을 보고 있으니 뜬금없이 고백하던 아이가 생각남 → 이런 분위기라면 받아줬을까? 문득 소식이 궁금하다.

■ **적금 프로모션을 진행하는 금융 브랜드 F**

페르소나: 비트코인을 하는 나

스토리텔링: 아버지와 TV 시청 중 비트코인이 주제로 떠오름 → 얼마 전 큰 손해를 입은 나는 고개를 돌림 → 아버지의 잔소리가 시작되려는 찰나, TV에 소개되는 적금 프로모션 → 아버지와 나 모두 박수를 치며 좋아한다.

---

15 민트초코릿 맛을 좋아하는 사람들을 일컫는 말. 그렇지 않은 부류는 '반(反)민초파'로 칭한다.

자, 어떤가요? 제품 및 서비스와 무관해 보이는 스토리인데 뇌리에 깊게 박힙니다. 이를 보여주는 영상 자체는 화면 전환이나 드라마틱한 반전이 없어도 상관없습니다. 전체를 감싸고 있는 스토리가 훨씬 중요하기 때문이죠.

드라마틱한 반전

여기서 반전이란 스토리 전개뿐 아니라 화면의 전환을 포함합니다. 예컨대 앞의 10초는 모두가 쉽게 상상할 수 있는 모습을 보여주며 시작하는 겁니다. 잔잔한 배경음악으로 10초 동안 보는 이의 기대를 모으는 것이죠. 그리고 10초 이후부터는 상황을 강화해야 합니다.

예를 들어 처음에는 생일날 친구들의 연락을 기다리는 '나'의 모습을 조명합니다. 낮은 채도의 화면으로 지저분한 방을 보여주며 쓸쓸한 느낌을 자아냅니다. 하지만 10초 이후부터 갑자기 화려한 옷을 입고 메이크업을 한 채 클럽에서 인기를 누리는 모습을 보여줍니다. 앞선 상황을 한 번에 뒤집는 반전이죠. 별다른 스토리는 없지만 극적인 효과를 자아냅니다.

드라마틱한 반전을 주는 콘텐츠는 편집을 통해 완성됩니다. 그래서 반전을 주는 형태가 인기를 얻기 시작하면 튜토리얼 콘텐츠들이 등장하고 다양한 사용자들이 참여하면서 하나의 밈이 됩니다. 창문을 닦으면 전혀 다른 인물이 등장하는 'WipeItDown' 챌린지나 가수 제임스 영**Jaymes Young**의 노래 가사 'Cause I love you for infinity'에 맞춰 반전 몸매를 뽐내는 'Infinity' 챌린지가 대표적인 예입니다. 이는 높은 테크닉을 필요로 하지 않습니다. 모바일에서 편집이 가능한 서드파티 앱이 많으며 쇼츠, 릴스, 틱톡 모두가 인앱[16]에서 기본적인 편집 기능을 제공합니다.

밈 이해하기

영상 초반 주목도를 확보하기에는 밈이 제격입니다. 2021년 화제를 모은 '한심좌'에 대해 아시나요? 카바네 레임**Khabane Lame**이라는 유럽 국적의 틱톡 사용자인데, 특유의 한심해하는 표정 덕분에 국내에서는 치켜세우는 의미로 '좌'를 붙여 한심좌로 불리고 있습니다. 어떻게 보면 한 명의 사용자이고 수많은 인물 밈 중 하나일 뿐인데 현재는 콘텐츠 포맷의 하나로 자리 잡았습니다. 잘 만든 콘텐츠에 한심좌의 시그니처 표정을 이어 붙여 웃

---

16 In-app, 모바일 애플리케이션 안에서의 활동.

음을 유발하는 방식이죠. 이와 비슷한 형태를 취하는 채널이 여럿 생겼다는 사실만 봐도 인기 있는 밈을 활용하는 것이 왜 중요한지를 알 수 있습니다. 스토리텔링과 비슷하지만 밈이 콘텐츠의 핵심 소재라는 점에서, 히스토리와 커뮤니티에 대한 이해가 선행되어야 합니다.

커뮤니케이션하기

댓글, DM, 커뮤니티 내에서의 언급 및 요청, 문의 등을 캡처하여 이를 토대로 콘텐츠를 제작할 수도 있습니다. 유튜브에서 자주 보이는 '댓글 읽기' 콘텐츠와 비슷하지만, 숏폼이라는 특징과 만나면서 빠른 호흡의 커뮤니케이션이 이루어지는 형태로 발전했습니다.

'우주 아이돌'이라는 세계관을 표방한 캐릭터 IP 채널 〈스타티〉는 이런 커뮤니케이션을 잘 활용한 대표적인 사례입니다. 한 편의 콘텐츠가 시작되면 본문에 "그다음은 무엇을 해볼까요?"와 같은 질문을 하고 가장 상단에 있는 댓글의 요청대로 콘텐츠를 진행하면서 인기를 얻었습니다. 이렇게 얻은 인기는 두꺼운 팬층을 형성하고 채널의 구독률을 높이는 선순환으로 이어집니다.

텍스트 활용하기

텍스트를 활용한다는 말은 조금 이상하게 들릴 수 있습니다. 하지만 숏폼의 환경을 생각해보면 금세 이해됩니다.

숏폼에서 콘텐츠가 전개될 때에는 주목도를 확보하는 것이 중요합니다. 이때 텍스트를 콘텐츠에 크게 배치하면 아주 효과적입니다. 콘텐츠가 진행되는 중에도 어떤 특징이 있는지, 어떤 상황을 가정하고 있는지를 직관적으로 보여줄 수 있습니다.

텍스트 삽입 예시   (출처: 〈OTR〉)

숏폼 콘텐츠에서는 짧은 대사와 스쳐 지나가는 상황 모두 텍스트로 기입합니다. 음성 없이도 콘텐츠 내용을 전달할 수 있고, 내용을 요약적으로 제시한다는 이점이 있습니다. 자사 스튜디오 채널 〈OTR〉에서는 답변자의 MBTI를 크게 넣어 시청하는 사람들의 이해를 돕는데, 구독자들의 반응이 매우 호의적입니다. 빠르고 쉬운 정보 전달이 필요한 뉴스 채널의 경우에도 이와 같은 방식을 자주 활용합니다. JTBC 헤이뉴스는 유튜브 채널 〈소탐대실〉을 통해 일상적인 호기심을 해결해주는 쇼츠 영상을 올리는데, 텍스트로 상황과 원리를 요약적으로 전달해 좋은 반응을 얻고 있습니다.

지금까지 짚어본 여섯 가지 문법은 중복해서 활용해도 좋습니다. 우선순위를 설정하기보다는 기본적인 형식이라고 생각하고 검토하시길 바랍니다.

3

매체 광고 집행

Ads Management

새로 입사한 인턴 사원이 이런 질문을 했습니다. "왜 매체 광고를 집행하는 거죠? 몇억 단위로 집행하는 것이 너무 아까워 보여서요." 늘 그렇듯 질문은 중요한 해답을 찾기 위한 과정과도 같습니다. 큰 규모의 비용을 마케팅 활동 중에서도 매체 광고 집행에 소비하는 것. 그 당위성에 대한 근본적인 궁금증을 해소하는 시간을 마련했습니다.

마케팅 업계에서는 잠재 소비자가 브랜드에 유입되고 제품 및 서비스를 구매하는 고객이 되는 과정을 마케팅 퍼널**marketing funnel**로 분석합니다. 소비자가 특정 브랜드나 제품을 구매하기까지 인지-고려-호감-구매-충성의 단계를 거치는데, 그 모양이 깔때기를 연상시켜 붙여진 이름입니다. 크고 작은 캠페인을 진행하며 마케팅 퍼널에 대해 논의했을 때, 많은 분들이 광고 집행의 필요성을 놓치고 있는 경우가 많다는 걸 느꼈습니다. 실무자 입장에서 말하자면, 광고 없이 마케팅 퍼널을 실행하기란 불가능에 가깝습니다.

여기서 말하는 광고 집행은 특히 플랫폼에 한정된 것으로, 실무에서는 '매체 집행'으로 줄여서 소통하곤 합니다. 처음 듣는 분들은 혼동하기 쉬운데, 풀어 말하면 '목표에 맞춰 플랫폼 내 콘텐츠 노출을 최대화하는 전략'으로 해석할 수 있습니다. 브랜드가 달성하고자 하는 '목표'를 위해 소비자에게 콘텐츠를 '노출'하는 것이죠. 매체 집행을 효과적으로 하기 위해서는 목표, 노출, 플랫폼이라는 세 가지에 대한 기준만 명확히 잡고 가면 됩니다. 이게 잡히면 예산, 집행 시점 등에 대한 요소를 고려할 차례가 옵니다.

본격적인 이야기에 들어가기 앞서 숏폼에서 매체 집행을

필수적으로 고려해야 하는 브랜드를 체크리스트로 정리했습니다. 이 중 한 가지 이상의 항목에 해당한다면 이제 출발해도 좋습니다.

$\bigcirc$ **C H E C K   L I S T**

☐ MZ세대를 주요 타깃으로 설정하고 있는 브랜드

☐ 제품, 서비스가 명확하게 드러나는 B2C[17] 브랜드

☐ 숏폼 콘텐츠가 브랜드 방향성에 맞는 브랜드

☐ 디지털 자산의 이니셔티브를 가져가고 싶은 브랜드

핵심은 노출 정도와 몰입 환경

매년 미국 프로풋볼리그NFL 결승전 슈퍼볼 시즌이 되면, 어떤 브랜드가 광고를 진행하는지에 대한 기사가 쏟아지곤 합니다. 슈퍼볼 광고는 보통의 기업이 감당할 수 없을 만큼 천문학

---

17 Business to Consumer, 기업과 소비자 간 거래.

적인 비용이 들어가는 상품이기 때문입니다. 2022년 자료에 따르면 30초 분량의 광고에 700만 달러(한화 약 84억 원)의 광고료가 책정됩니다. 생중계 시청 인구가 1억 명이라는 것을 감안하면 1명에게 노출하는 데 80원이라는 계산이 가능합니다. 국내 IPTV의 경우 30초 광고가 1회 노출에 약 35원으로 추정되므로, 회당 노출 비용이 약 두 배 이상 비싼 셈입니다.

슈퍼볼 측이 겁도 없이 그토록 높은 광고료를 책정하는 이유는 무엇일까요. '노출 정도'와 '몰입 환경'이 비교할 수 없이 월등한 '최고 수준의 상품'이기 때문입니다. 전 세계의 이목이 집중되는 이벤트로, 시청자가 콘텐츠를 대하는 자세와 집중도가 여타 예능 프로그램을 상회한다고 보는 겁니다.

이 같은 원리는 모바일에서도 동일하게 작용합니다. 모바일은 이미 2018년부터 영상 시청 시간에서 TV를 앞지르기 시작했으며, 그 격차는 계속해서 증가하고 있습니다. 다시 말해 이제 영상 광고 시장의 판도는 모바일이 쥐고 있다고 할 수 있습니다.

모바일이라는 기기를 머릿속에 그리면 어떤 단어와 문장이 연상되나요? '작다', '휴대가 가능하다', '세로로 길다' 등의 특징이 떠오릅니다. 모바일 광고 시장은 바로 그런 특성 덕에 성장했습니다. 사용자가 기기에 꽉 찬 광고를 시청하게 되니 그 효율도 덩달아 높아진 거죠.

전체 스크린에 노출되는 디스플레이 광고는 주목도와 연결됩니다. 실제로 디스플레이 광고는 화면 노출 정도에 따라 비용이 다르게 산정됩니다. 슈퍼볼의 시장 원리를 대입해보면 당연합니다. 잘 보이는 위치에 크기가 큰 광고를 띄워놓으면 시야를 확보할 수 있고, 무엇보다 보는 이의 집중도가 달라집니다. 집중도가 높은 광고 상품일수록 가격이 높아지겠죠. 특히 숏폼에서는 그 효과가 드라마틱해집니다. 광고를 세로형이 기본인 숏폼 콘텐츠로 만들면 모바일 화면 전체를 점령할 수 있기 때문입니다. 가시성, 집중도를 잡은 광고는 몰입과 인게이지먼트로 이어집니다.

추가적으로 숏폼 광고는 사용자에게 비선택적으로 노출된다는 점에서도 매력적입니다. 사용자 입장에서 콘텐츠를 시청하기 위해 광고 시청을 감수한다는 것은 생각보다 많은 의사결정을 필요로 합니다. 유튜브 모바일 광고 중 두 가지 형식을 확인해보면 비교가 수월해집니다.

| 인스트림 | 인피드 |

■ **건너뛸 수 있는 인스트림(Skippable in-stream)**

형식: 콘텐츠 플레이 전 봐야 하는 5초 후 스킵 가능한 광고

시청자 의사 결정: 1차적인 시청 환경의 방해 → 도입부가 흥미를 끄는가 → 5초 후 스킵 여부 결정

■ **인피드(In-feed video)**

형식: 검색 추천에 노란색의 '광고' 마크를 달고 노출

시청자 의사 결정: 섬네일과 제목이 흥미를 끄는가 → 클릭하여 시청할 것인가 → 지속 시청 여부 결정

어떤가요? 광고를 하나의 콘텐츠로 인식하고 시청하려면 생각보다 많은 의사결정 과정을 거칩니다. 사용자에게 시청 선택권이 있다는 것은 그만큼 이탈 가능성이 높다는 의미입니다. 하물며 우리는 광고가 아닌 콘텐츠를 시청할 때도 '스킵'과 '1.2배속' 버튼을 번갈아 누르는 민족 아닌가요. 광고를 노출시키려는 마케터 입장에서는 사용자의 선택권을 최소화하는 공간이 필요합니다.

그런 의미에서 숏폼은 '사용자가 가진 시청 선택권'이 단순화된 공간입니다. 사용자 대부분이 시청하고자 하는 첫 번째 콘텐츠를 고른 뒤부터는 100퍼센트 알고리즘에 의한 추천에 의존하는 경향이 있습니다. 이때 사용자에게 주어진 선택지는 단 두 가지. ① 시청할 것인지 ② 다음 영상으로 넘어갈 것인지입니다.

이러한 특징은 마케터에게 부전승을 주는 거나 다름없습니다. 사용자의 의사결정 단계가 축소된 만큼 노출이 용이하고, 브랜드 메시지를 전달하기도 쉽기 때문입니다. 지금까지 살펴본 바로는 숏폼 플랫폼에 광고를 하지 않는 것이 이상할 정도입니다. 하지만 모든 것에는 양면이 있는 법. 여기에도 몇 가지 고려해야 할 부분이 존재합니다.

우선, 광고 상품이 충분히 확보되지 않았습니다. 틱톡은 광고 상품이 매우 정교하게 세분화되어 운영되고 있지만, 릴스의 경우 아직 베타의 성격이 강합니다. 쇼츠는 아직까지는 일반적인 유튜브 광고 상품 중 일부만 적용이 가능합니다. 복잡한 일은 전문가에게 맡긴다는 마음으로 매체 대행사와 협업하는 것도 방법이긴 합니다. 하지만 셀프 서브가 가능해야 더욱 원활한 커뮤니케이션이 가능한 법. 각 플랫폼의 상품 소개 업데이트를 상시 확인하고, 미디어 플래닝[18] 단계에서 모든 환경적 변수를 검토하는 것을 추천합니다.

두 번째로 광고 콘텐츠의 네이티브화가 필요합니다. '우리 브랜드 제품과 서비스를 홍보한다'라고 외치는 일반 광고를 올리면 시청자가 곧바로 스킵해버리는 사태가 발생할 수 있습니다. 숏폼의 문법을 어느 정도 반영한 네이티브 광고[19]일수록 시청 및 인게이지먼트 등의 효과를 얻을 수 있습니다. 보는 이를 속이는 것까지는 아니더라도 보는 이가 착각할 수 있을 정도는 되어야 합니다. 아직까지도 가로형 영상 콘텐츠를 숏폼

---

[18] Media planning, 제한된 자원을 효율적으로 활용해 목표를 달성하기 위해 최적의 매체 구성을 설계하는 의사결정 과정.

[19] 특정 서비스 플랫폼에서 일반적인 기사나 정보와 유사한 형태로 노출되는 콘텐츠 스타일의 광고.

플랫폼의 형식에 맞추지 않고 그대로 내보내는 경우를 종종 목격하는데요. 위아래가 다 검은색으로 비어 있는 광고는 그렇지 않은 광고에 비해 효율성이 떨어질 수밖에 없습니다.

세 번째로 매체 적합성입니다. MZ세대가 중심인 공간인 만큼 플랫폼 사용자와 브랜드의 타깃이 일치하는지 고려할 필요가 있습니다. 또한 플랫폼에서 브랜드의 목적에 맞는 광고 상품을 지원하는지에 대한 확인도 필요합니다. 가령 앱을 새로이 론칭한 브랜드라면 신규 다운로드 비율을 늘리는 것이 목표일 텐데요. 매체에서 CTA[20] 버튼을 지원하지 않을 수 있고, 데이터를 트래킹 **tracking** 할 수 있는 양식을 제공하지 않을 수도 있습니다. 이는 아주 기본적이지만 매체 선정 단계에서 중요한 변수로 작용합니다.

---

20 Call To Action. 마케팅이나 판매 촉진 시 타깃의 반응을 유도하기 위해 요청하는 행위. 구매하기, 애플리케이션 다운로드 등이 있다.

플랫폼 광고 상품 총정리

시청 환경에 적합한 광고가 필요할 때, 쇼츠

유튜브는 일찍이 크리에이터와 수익 구조를 구축해둔 바 있습니다. 가령 유튜브 프리미엄 시청자가 크리에이터의 영상을 시청하고, 일반 시청자가 광고를 시청하면서 발생하는 수익 중 일부는 크리에이터에게 전달됩니다. 시청한 영상 콘텐츠를 기준으로 비교적 명확하게 기여도를 평가할 수 있기 때문인데요. 수익 구조가 안정화되면서 플랫폼과 크리에이터 사이에 긴밀하고도 단단한 신뢰가 형성됐습니다. 이는 유튜브가 가장 거대한 크리에이터 이코노미를 구축하는 데 토대가 됐습니다.

반면 쇼츠에서는 광고 수익을 분배하는 것이 다소 어렵습니다. 콘텐츠 시청 시간이 워낙 짧은 데다 한 번에 여러 가지 콘텐츠가 재생되는 탓입니다. 어떤 콘텐츠 덕에 특정 광고를 시청했는지를 판단하기 힘드니 어느 콘텐츠에 수익을 배분해야 하는지에 대한 기준을 세우기 어렵습니다. 그래서 아직까지는 쇼츠를 대변할 만한 광고 상품이 많지 않습니다. 대부분이 쇼츠 영상을 인스트림 혹은 인피드 광고같이 일반 유튜브 시청 환경에 광고로 집행하는 대안을 택하고 있기도 합니다.

2022년 상반기까지는 콘텐츠보다 타깃 중심으로 설정 및 집행이 가능한 ACi[21]만 쇼츠에서 노출됐습니다. 구성을 살펴보면 콘텐츠 하단에 CTA 버튼이 위치해 있으며, 클릭 시 다운로드가 가능한 앱 스토어로 바로 연동되거나 랜딩 페이지로 이동하는 것을 확인할 수 있습니다.

필립 쉰들러 구글 최고사업책임자CBO가 홍보성 광고 상품의 효율을 검토 중이라고 발표한 뒤 광고 도입이 확정된 만큼, 앞으로 다양한 상품이 구비될 가능성이 큽니다. 목적에 맞는 상품을 적극적으로 활용한다면 시청자, 브랜드, 크리에이터 간 안정적인 생태계가 조성될 수 있을 겁니다.

CTA 버튼 삽입 예시   (출처: 유튜브 쇼츠 화면)

---

21 App campaigns for install. 애플리케이션 다운로드 캠페인.

전반적인 광고 운영이 필요할 때, 릴스

기본적으로 인스타그램은 네이티브 광고를 지향하고 있어, 유튜브와 달리 광고를 위한 특별한 구역이 존재하지 않습니다. 2021년 2월 릴스가 출범한 뒤 같은 해 6월부터 릴스 탭을 활용한 광고 집행이 가능해졌는데요. 이는 광고 상품의 다양화로 이어졌습니다.

우선 인스타그램에서는 '쇼핑 태그'라는 기능을 활용한 상품이 나왔습니다. 콘텐츠 안에 들어간 제품을 카탈로그로 구성하여 콘텐츠 시청자가 제품을 바로 확인하고 구매할 수 있도록 유도합니다. 다음으로 BCA[22] 기능을 강화한 상품도 있습니다. 크리에이터의 게시물에 브랜드가 태그되면 브랜드가 광고 집행 권한을 갖는 방식입니다. 크리에이터는 신규 노출 기회를 얻고, 브랜드는 크리에이터의 콘텐츠 IP와 팔로워로 구성된 팬덤을 활용할 수 있는 윈윈win-win 구조입니다. 일전에 크리에이터와 숏폼 콘텐츠를 제작, 쇼핑 태그와 BCA 광고를 동시에 집행했는데, 꽤 좋은 효율을 기록했습니다.

---

22 Branded Content Ads, 브랜디드 콘텐츠 광고.

릴스 광고 노출 예시 (출처: 인스타그램)

인스타그램 릴스는 구 페이스북 현 메타에 소속되어 있다
는 점을 잊으면 안 됩니다. 광고 영역에서도 이 상관관계는 유
효한데요. 2022년 상반기 기준 메타에서 설정 가능한 광고의
목표는 총 열한 가지(브랜드 인지도, 도달, 트래픽, 참여, 앱 설치, 동영상 조
회, 잠재 고객 확보, 메시지, 전환, 카탈로그 판매, 매장 유입)입니다. 릴스는
그중 여섯 가지(전환, 도달, 트래픽, 동영상 조회, 브랜드 인지도, 앱 설치)까

지 광고 목표를 확대했습니다. 가장 눈에 띄는 목푯값은 전환, 트래픽, 앱 설치입니다. 숏폼의 높은 몰입도를 기반으로 전환 효과를 얻을 수 있는 광고 목적을 추가한 겁니다.

사실 인스타그램에는 짧은 분량의 세로형 콘텐츠가 노출되는 공간이 하나 더 있습니다. 바로 '스토리'입니다. 스토리 광고를 릴스와 같이 설정하면 상당한 시너지 효과를 누릴 수 있습니다. 이미 식음료, 뷰티, 패션 등 다양한 브랜드가 이를 실행하고 있으며, CTA 버튼을 활용하거나 프로필을 클릭하여 인스타그램 프로필로 유입시키는 경우도 종종 보입니다.

다양해진 상품만큼 효율도 높을까요? 실제로 광고 캠페인을 테스트해본 결과, 아직 노출이 원활하지 않음을 확인했습니다. 타깃 설정을 하지 않은 상태로 단일 노출 위치로 설정한 경우 예산 소진이 원활하지 않았으며, 스토리와 릴스 모두로 노출 위치를 설정했을 때도 스토리로 예산 집행이 몰리는 경향이 강했습니다. 물론 예산, 집행 시점 등 다양한 변수가 있겠지만 아직은 노출 자체가 활발하지 않아서, 주요 노출 채널로 설정하기에는 어려움이 있어 보입니다. 집행 전에 매체 환경과 상황을 점검해보고 집행하는 것이 좋으리라 생각합니다.

그럼에도 불구하고 그 가능성은 여타 플랫폼과 같거나 그 이상일 것으로 보입니다. 인적 네트워크 기반의 플랫폼이라는 장점을 십분 발휘한다면 말이죠. 향후 광고 상품으로 해시태 그 챌린지를 추가 진행하거나, 쇼핑 기능과의 접점을 넓히는 등 다양한 확장이 가능할 것으로 예상됩니다.

목적별로 광고를 집행할 때, 틱톡

틱톡은 숏폼으로 시작한 플랫폼답게 경쟁사에 비해 콘텐츠 를 가지고 노는 문화가 잘 정착되어 있습니다. 해시태그 챌린 지를 광고 상품으로 보유하고 있는 것만 봐도 분명하긴 한데 요. 광고 상품 또한 '사용자가 플레이하고 활발한 인터랙티브 를 독려할 수 있도록' 커스터마이징 customizing 하는 것에 초점이 맞춰져 있습니다. 틱톡이 광고 목적에 맞춰 얼마나 많은 포맷 과 상품을 제공하는지를 표로 확인해봅시다.

틱톡 광고 상품

	상품명	상품 설명	인터랙션 상품
전면 광고	TopView	앱 실행 시 가장 먼저 노출	• 인터랙티브 카드: 사용자들이 관심사에 맞는 정보 전달 • 투표 카드: 투표 방식으로 사용자들과 커뮤니케이션 • 디스플레이 카드: 브랜딩 영역 확대 및 제품 하이라이트 • 슈퍼라이크: 인터랙션 발생 시 모션 효과 설정 • 프리미엄 배지: 특정 이미지가 모션과 함께 프로필 상단에 위치 • 기타: 제스처, 팝0I웃 등
인피드 광고	One Day Max	피드 내 첫 번째 광고 구좌에 노출 (*네 번째 콘텐츠)	
	Spark Ads	기존 틱톡 콘텐츠 광고 집행	
	Collection Ads	광고 내 인앱 카탈로그 노출	
해시태그 챌린지		탐색 탭 상단 배너와 함께 인기 해시태그 노출	
브랜디드 이펙트		브랜드 필터 제작 상품으로 해시태그 챌린지를 통해 확산	2D, 3D, 게임형 등

※ 2022년 상반기 업데이트 기준

다른 플랫폼에서는 찾기 힘든 다양한 형태의 광고 상품이 있는 걸 확인하셨나요? 틱톡은 브랜드의 목적이 명확하거나 세분화될수록 유용한 플랫폼이 될 수 있습니다. 숏폼 플랫폼들이 등장하고 소비가 확산됨에 따라 숏폼을 활용하는 브랜드들 역시 많아질 것이고, 장기적으로 틱톡 광고 상품의 수요는 더 커질 것으로 전망됩니다.

틱톡 해시태그 상품 예시 (출처: 틱톡 미디어 가이드)

매체 플랜 수립의 세 가지 관점

폭발적인 인지도 상승

숏폼은 비교적 낮은 CPM[23]으로 집중도 높은 광고를 집행할 있습니다. 숏폼 매체 집행의 효율을 가장 비슷하게 체감할 수 있는 사례는 유튜브의 범퍼 애드**Bumper Ads**입니다. 콘텐츠 재생을 위해 필수적으로 봐야 하는 6초 분량의 광고로 스킵이 불가능합니다. "초특급 야놀자 초특급 야놀자"로 시작하는 숙박 플랫폼 '야놀자'의 5초 분량의 광고 기억하시나요? 전 국민의 머릿속에 각인된 해당 광고는 유튜브 범퍼 애드 형태로 집행됐습니다. 건너뛰기가 불가능하기 때문에 보는 이가 많았고, 그러다 보니 폭발적인 인기를 끌게 됐습니다. 여타 광고 상품에 비해 낮은 CPM으로 성과를 달성한 셈이죠.

쇼츠와 릴스의 체류 시간이 늘어나 광고 운영이 본격화되면 가장 먼저 기대할 수 있는 것이 바로 이러한 효과입니다. 광

---

23 Cost Per Mille, 광고 비용을 측정하는 모델의 한 종류로 1,000회 광고를 노출시키는 데 사용된 비용.

숏폼 콘텐츠 머니타이제이션

고를 필수적으로 시청하면서 얻게 되는 효율이죠. 영상 콘텐츠 기반의 플랫폼 중에서 노출량이 가장 많을 것으로 예상됩니다. 단순 노출을 통한 인지가 아니라, UGC를 바탕으로 브랜드 메시지에 기반한 콘텐츠들을 폭발적으로 생성하며 인지를 굳히는 것도 가능합니다. 낮은 CPM과 높은 몰입 환경이 인지의 확산으로 이어지는 겁니다.

문제는 당장 KPI로 확인하는 수치는 잘 나올 수 있지만, 지속력이 약하다는 겁니다. 그래서 다음 단계에 대한 고민이 필요합니다. 예를 들어 노출 기반으로 브랜드 메시지를 전달하는 데 성공했다면, 리타기팅을 고려하거나 전환으로 이어질 메시지를 고민해야 합니다. 챌린지를 진행했다면 그 수명을 늘릴 방법을 찾아야 합니다. UGC를 2차 콘텐츠로 가공하거나 콘테스트 및 이벤트를 접목하는 것도 좋습니다. 잊지 마세요. 남녀노소 누구나 흥얼거리는 맥도날드의 '빅맥송'은 하루아침에 완성된 게 아닙니다.

적극적인 커뮤니케이션

숏폼은 커뮤니케이션이 '되는' 공간입니다. 틱톡 자체 조사에 따르면 세로형 영상의 인터랙션이 비슷한 조회수의 가로형 영상보다 약 30퍼센트 더 활발합니다. 더 많은 사용자가 더 자주 좋아요를 누르고 댓글을 달며 다른 이들과 콘텐츠를 공유한다는 의미죠.

왜일까요? 가로형 영상을 시청하면서 하단의 댓글창을 보는 것은 몰입도를 해치는 행위입니다. 당연히 좋아요를 누르거나 공유를 하는 것도 쉽지 않습니다. 반면 세로형 숏폼 콘텐츠의 인터랙션 공간은 바로 우측에 자리 잡고 있습니다. 콘텐츠를 넘길 때도 손가락으로 스와이핑을 하기 때문에 인터랙션을 위해 다른 항목을 터치하는 행위 자체가 자연스럽습니다.

네이티브 광고가 활성화된 점도 한몫합니다. 플랫폼과 시청 환경의 특성상 광고를 바로 구분하기가 쉽지 않기 때문에, 광고가 아닌 콘텐츠로 인식하여 시청 및 참여로 이어질 확률이 매우 높습니다. 소셜 미디어 사용자를 우리 브랜드에 접속하게 만들 수 있는 기회가 되겠죠.

고객 전환과 세일즈 부스트

디지털 광고의 최대 장점은 브랜딩과 유효한 전환이 즉각적으로 이루어진다는 겁니다. 이런 사례는 앱 다운로드에서 많이 찾을 수 있습니다. 영어 회화 교육 서비스 '리얼클래스'의 광고를 살펴봅시다. 일상 속 영어 회화에서 범하기 쉬운 오류를 퀴즈 형식으로 구성한 광고인데요. '실생활에서 활용되는 영어를 배우고 싶다면 가입하라'는 메시지를 전달함과 동시에 자사 랜딩 페이지로 연결되는 '회원 가입 버튼'을 넣어 행위를 유도했습니다. 브랜딩과 회원 전환 효과를 한 번에 잡은 성공적인 매체 집행 사례로 꼽힙니다.

앱 다운로드 외에도 제품 판매 등 세일즈 부스트와도 연결될 수 있습니다. '영상을 본다고 제품을 사겠어?'라고 생각할 수 있지만, 제품을 쓰기 전 비포before와 제품을 사용한 후 애프터after를 전개하는 방식이 드라마틱하다면 충분히 가능합니다. 이를 방증하는 것이 틱톡에서 113억의 조회수를 기록하고 있는 해시태그 '#Tiktokmademebuyit'(틱톡 보고 샀다)입니다. 콘텐츠를 시청하는 행위가 곧 제품을 발견하고 인지하는 것으로 이어지는 디스커버리 커머스[24]입니다. '보여주는 것'이 광고에서 갖는 가능성과 가치를 시사합니다.

유효 전환을 위한 기능은 광고 상품뿐 아니라 플랫폼 자체에서도 계속해서 업데이트되고 있습니다. 틱톡은 인앱 결제

---

24 Discovery commerce, 발견형 커머스. 기존 이커머스 문법에서는 사람이 상품을 발견했다면, 디스커버리 커머스에서는 소비자의 취향을 분석해 알맞은 제품 및 서비스를 추천해준다.

기능을 추가했으며 유튜브는 쇼핑 기능 강화를 공표했습니다. 인스타그램은 크리에이터 이코노미를 위해 쇼핑 기능을 적극 장려, 커머스 플랫폼으로의 진화를 노리고 있습니다.

광고 시청자, 소셜 미디어 사용자, 소비자, 고객. 숏폼 광고 생태계가 커지면서 이들 간의 경계가 허물어지고 있습니다. 여러분 혹은 여러분이 담당하고 있는 브랜드가 숏폼을 통해 이루고자 하는 가치는 무엇인가요? 많은 이야기를 나눴지만, 마케팅 전략은 끊임없이 질문하며 만들어가는 것이라 믿습니다.

PART

3

숏폼
비즈니스
모델

2021년 국내 광고 시장의 성장을 이끈 디지털 광고 시장의 규모는 7조 5,118억 원으로 집계됩니다. 전체 광고 시장에서 점유율 과반을 넘기는 수치죠. 그중 영상 광고 시장의 성장이 두드러지는데, 같은 해 12월 영상 광고 집행 금액은 약 1,162억 원으로 저력을 과시하며 성장하고 있습니다. 상위 매체는 유튜브, 페이스북, 인스타그램으로, 그중 인스타그램은 전년 대비 1.4배의 성장을 기록했습니다. 그간 주요 디지털 영상 광고 플랫폼으로 꼽힌 소셜 미디어가 이제 숏폼으로 영역을 넓히면서 디지털 영상 광고 시장의 판도를 바꾸고 있습니다.

전문가 대담

Expert Talks

숏품이 광고 시장의 새로운 모멘텀이 될 수 있을까요? 정답을 찾기 위해 뉴미디어 콘텐츠와 크리에이터 업계의 전문가를 초빙해 현황을 짚고 전망을 나누는 시간을 마련했습니다. 유수의 tvN 프로그램을 거쳐 쿠팡플레이 〈SNL 코리아〉 연출자로 활약 중인 오원택 PD, 인플루언서 채널 〈에나스쿨 ENA School〉의 안수헌 비즈니스 담당자가 자리를 빛냈습니다.

오원택

@soulfiller

現 에이스토리 제작2본부 총괄PD
前 CJ ENM tvN PD
前 넥슨코리아 홍보실
前 오마이뉴스 기획팀

일찍이 XtvN 〈최신유행프로그램〉을 성공적으로 연출하며 예능 프로그램에 새로운 장르를 열었습니다. 2019년에는 시트콤 애니메이션 〈아싸써커스〉를 기획, 일찍부터 숏폼이라는 콘텐츠 형태에 도전한 바 있습니다. 대표 프로그램은 〈SNL 코리아〉. tvN 시즌 아홉 개를 성공적으로 이끈 뒤 쿠팡플레이를 통해 OTT로 영역을 확장했습니다.

안수현

@enaschool

現 〈에나스쿨 ENA School〉 비즈니스 담당
前 밀리언뷰 대표

2015년 인플루언서 전문 광고 에이전시 밀리언뷰를 설립했으며 2,000여명의 인플루언서와 300여개의 광고 캠페인을 진행했습니다. 〈에나스쿨 ENA School〉은 2013년 KBS 공채 개그우먼 출신 황신영 '에나스쿨'을 중심으로 하는 채널입니다. 유튜브, 인스타그램, 페이스북, 틱톡 등 특정 채널 구분 없이 유쾌한 콘텐츠로 팔로워와 꾸준히 소통하고 있습니다.

**시작을 알리는 근본적인 질문입니다.
숏폼은 왜 잘될까요?**

더에스엠씨(이하 슴씨) 아이폰의 등장으로 스마트폰의 시대가 열린 2009년 전후 우리는 소셜 미디어 시장에 대한 확신이 있었습니다. 그리고 2020년대에 들어선 지금 '숏폼은 된다. 그러니 숏폼을 해야 한다'라는 생각은 그때만큼 힘 있고 또 자신 있습니다. 콘텐츠라는 세상에 여러 갈래로 접속 중인 여러분의 생각이 궁금합니다.

오원택(이하 오) 제가 처음 업계에 들어왔을 때만 해도 콘텐츠 제작과 소비의 규칙은 방송사가 만들었습니다. 방송사가 소유한 미디어 채널이 콘텐츠를 언제 어떻게 송출하느냐가 시청자의 콘텐츠 소비 행태를 좌지우지했습니다. 좋아하는 프로그램, 다시 말해 '큰 덩어리의 콘텐츠'를 놓치지 않기 위해 TV 앞을 떠나지 않고 기다릴 수밖에 없었죠. 그러다 보니 덩어리 콘텐츠가 방영되는 시간 혹은 그다음 덩어리로 이어지는 시간 사이사이가 부스러기처럼 남았습니다.
지금은 그런 시간을 채워줄 사이즈의 콘텐츠가 무수히 많아졌습니다. 시간을 보내는 행위를 컵을 가득 채우는 것에 빗대어 볼게요. 컵을 채울 때 크기가 큰 자갈을 넣으면 금방 찬다고 생각하잖아요. 그런데 자세히 보면 그 안에 작은 틈이 있습니다. 여기에 모래알을 채우면 부피에 딱 맞을 정도로 꽉 채울 수 있어요. 즉, 부스러기처럼 남은 시간은 그에 걸맞은 콘텐츠로 채울 수 있다는 겁니다. 그게 숏폼이라 생각해요.

안수현(이하 안) 비슷하면서도 다른 이야기인데, 그만큼 사람들이 미디어에 대한 집중력이 낮아졌어요. 한 커뮤니티에서 이런 글을 본 적 있습니다. '심심한데 뭐 볼까'라며 넷플릭스를 켜면 메인 화면만 한 시간 보다가 끈다고요. 넷플릭스에서 영화 한 편이나 드라마 한 회를 틀면 최소 한 시간에서 두 시간은 집중해서 봐야 하는데, 그러지 못하는 거죠. 콘텐츠를 업으로 하는 저만 해도 영상을 틀자마자 스마트폰을 만지게 되는걸요. 그러다 보니 점점 더 짧은 콘텐츠를 원하게 됩니다. TV에서 유튜브로 옮겨 온 것도 이런 흐름이죠. 유튜브도 사실 10분에서 20분가량의 집중력을 요하는데, 15초 만에 쉽고 재밌게 볼 수 있는 숏폼이 등장한 겁니다. 콘텐츠 소비 행태가 변화한 만큼 숏폼의 경쟁력은 훨씬 커질 겁니다.

Q **숏폼의 성장은 앞으로 디지털 영상 광고 시장의 판도를 어떻게 바꿀까요?**

슴씨 숏폼이 광고 시장에 입성하게 된 계기부터 살펴보겠습니다. 가령 틱톡에 대해서는 '애들이나 하는 놀이'라는 편견이 있었습니다. 실제로 틱톡이 국내에 도입된 초창기만 해도 10대들이 춤을 추며 노는 영상이 다수이기도 했고요. 브랜드 입장에서는 틱톡을 마케팅 툴로 활용하기에는 부적합하지 않을까라는 걱정과 의구심이 있었죠.

그런데 2021년부터 틱톡이 진면목을 드러내면서 플랫폼이 움직였습니다. 인스타그램이 릴스를 론칭하고 유튜브에서 쇼츠를 선보인 겁니다. 그러자 숏폼에 관심을 갖는 브랜드가 하나둘씩 늘어나면서 광고 시장에서의 영향력도 눈에 띄게 커졌습니다. 그해 하반기 온라인으로 진행된 메타의 '파트너 어워즈 2021[25]'이 단적인 예입니다. 페이스북, 인스타그램의 많은 콘텐츠 중 릴스를 진행한 파트너사에 상이 많이 돌아갔습니다.

---

25 페이스북 모회사 메타가 자사 광고 솔루션 활용 우수 고객사를 대상으로 시상하는 행사. 더에스엠씨그룹은 '크리에이티브 히어로' 부문에 선정됐다.

오 그럴 수밖에 없는 게, 숏폼의 원형은 광고입니다. 앞서 언급했듯 숏폼은 자갈 사이사이를 메꾸는 모래의 형태이고, 이는 올드미디어인 TV에서 15초, 30초 분량의 CF가 수행하는 역할이기도 합니다. 그런데 CF에만 의존하기에는 시대가 바뀌었습니다. 시청자는 더 이상 자신들이 보고 싶은 콘텐츠를 브라운관 앞에서 기다리지 않습니다. OTT를 구독하거나 VOD 서비스를 결제해서 직접 콘텐츠를 선택하죠.

유료 콘텐츠에는 광고를 붙이기 어렵습니다. 2022년 들어 세계 최대 규모의 OTT 넷플릭스가 광고 도입을 추진하고 있다는 소식이 들렸을 때 사용자들의 저항은 상당했습니다. 반면 소셜 미디어 사용자는 광고에 관대한 편입니다. 좀 더 발전된 형태의 광고, 이를테면 '광고 같지 않은', '광고인 줄 모르는' 광고가 가능하거든요. 숏폼이 타깃별로 적합한 광고를 보여주기 때문입니다. 숏폼 플랫폼은 시청자가 소비하는 콘텐츠 데이터를 확보해 그에 적합한 광고를 노출하고, 타깃에게 정확히 도달할 수 있는 환경이 구축된 곳입니다. 과거 지상파 채널보다 케이블 채널에서 거주지, 성별, 나이 등 타깃에 적합한 광고를 집행했던 것과 비슷한 맥락입니다.

안 이번엔 광고 문의를 받고 PPL이나 브랜디드 콘텐츠를 제작하는 인플루언서의 관점에서 이야기해보겠습니다. 〈에나스쿨〉이 틱톡을 운영한 지는 3년 정도 됐습니다. 틱톡만을 위한 콘텐츠를 발행하기보다는 인스타그램이나 유튜브에 업로드하는 콘텐츠를 미러링하면서 운영하고 있었죠. 채널 운영의 효율성을 높이기 위한 전략이었는데 수치 면에서도 성적이 뛰어났습니다.

그러다 보니 몇 달 전 틱톡으로 챌린지 광고 섭외를 받았습니다. 일단 놀라운 점은 〈에나스쿨〉의 타깃 연령대가 생각보다 높음에도 불구하고 챌린지 광고가 들어왔다는 겁니다. 실제로 콘텐츠 댓글을 보면 중장년층도 드물지 않게 발견할 수 있는데, 10대에 틱톡에 입성한 사용자들이 나이가 들기도 했고 그들의 부모 세대도 빠르게 유입된 걸로 보입니다. 사용자층이 넓어지니 브랜드 카테고리도 늘어났습니다.

브랜드 입장에서는 글로벌 시장을 노리기에도 적합한 플랫폼입니다. 〈에나스쿨〉에서도 외국인 시청 비율이

90퍼센트에 육박하는 콘텐츠가 있습니다. 언어를 알지 못해도 직관적으로 이해할 만한 콘텐츠가 많기 때문에, 외국인 시청 비율이 다른 플랫폼보다 높고 확산 속도가 매우 빠릅니다. 잘만 다듬으면 해외 진출도 수월할 거라 예상합니다.

Q 광고 시장에서 숏폼 챌린지의 활약은 굉장했습니다. 그러다 보니 챌린지에 적합한 브랜드 카테고리에 대한 의견이 분분했습니다. 숏폼 광고에도 적합한 업계 카테고리가 있을까요?

슴씨 최근에는 틱톡뿐 아니라 유튜브 쇼츠 또한 플랫폼 차원에서 해시태그 챌린지를 진행하고 있습니다. 그간 무게감을 유지하던 금융업계에서도 밀레니얼과 Z세대를 겨냥한 댄스 챌린지를 기획한 경우가 종종 있었는데요. 챌린지의 근간이 밈이다 보니 '과연 해당 브랜드 아이덴티티가 챌린지 캠페인에 적합한가'에 대해 머릿속에 물음표를 띄울 수밖에 없었습니다. 그렇다면 업계 특성상 어느 정도 진중함과 무게감을 유지해야 하는 브랜드는 숏폼에서 광고를 하기 어려운 걸까요?

안 　업계 특성상 소재 활용이 제한적인 브랜드의 경우 챌린지를 무조건 밈으로 만드는 것은 어려울 수 있습니다. 챌린지 자체의 재미나 흥미가 떨어지면, 그걸 상쇄할 만큼 매력적인 인플루언서를 섭외해야 합니다. 다만 챌린지 콘텐츠를 구성할 때 크리에이터의 크리에이티브를 최대한으로 발휘할 수 있도록 해야 할 겁니다. 크리에이터 입장에서도 '광고인데도 재미있다'라는 반응을 듣는 게 최우선입니다. 팔로워와 끈끈한 커뮤니티를 유지할수록 다른 광고에 섭외될 가능성이 높아지니까요. 〈에나스쿨〉은 '여기어때' 틱톡 챌린지에 참여해 큰 호응을 얻었는데요. '여기어때'의 CM송을 패러디해서 안무를 짜는 챌린지였는데, 〈에나스쿨〉만의 매력이 전면에 드러났다는 평을 받았습니다.

챌린지를 기획하는 브랜드가 있다면, 크리에이터 관점에서 이런 조언을 드리고 싶어요. 보통 댄스나 노래 또는 POV라 불리는 상황극으로 기획안을 양분하는데요.

이 두 가지를 믹스하는 방향이 효과적입니다. 똑같은 노래에 비슷한 동작을 하더라도 상황극이 들어가거나 전개 방식에 인플루언서만의 색이 들어갔을 때 또 다른 재미가 있으니까요.

Q 광고 시장에서 숏폼 크리에이터의 성장 가능성을 예측해볼까요?

슴씨 요즘 학생들의 장래 희망 1순위는 크리에이터입니다. 인플루언서블한 일상을 추구하는 20대 중에서는 협찬이나 광고를 받아서 용돈벌이를 하는 이들도 늘고 있고, 3040이 있는 재테크 커뮤니티에서도 새로운 화두입니다. 소셜 미디어 크리에이터는 MCN 산업을 만나면서 시장성을 갖게 됐습니다. 테크, 뷰티, 패션 등의 분야에서 정보를 제공하는 유튜브 기반 '전문가형'과 팔로워와 동일한 가치관을 향유하며 커뮤니티를 이끄는 인스타그램 기반 '셀러브리티형'을 예로 들 수 있습니다. 유튜브의 경우 등장 시기에 따라 1세대, 2세대, 3세대

숏폼 콘텐츠 머니타이제이션

등으로 구분될 정도로 크리에이터의 규모와 유형이 세분화됐는데요. 누차 강조했지만, 쇼츠와 릴스 덕에 숏폼 시장이 커지면서 숏폼 콘텐츠를 전문적으로 제작하는 크리에이터의 수가 늘고 있습니다. 단적인 예로 〈빵먹다살찐떡〉이라는 유튜브 쇼츠 채널은 몇 달 만에 구독자가 100배 뛰는 기염을 토하기도 했고요. 모두가 인플루언서이자 크리에이터가 되는 시대, 그 성장 가능성은 어디까지일까요.

안 인플루언서가 틱톡에 영상을 올리면 리워드가 있다는 사실을 아시나요? 우선 업로드하면 100원을 주고요. 좋아요 100개, 200개, 1,000개 등을 달성하면 일정한 보상을 지급합니다. 열심히 하면 일주일에 콘텐츠 업로드만으로 100여만 원의 수익을 올릴 수 있으니 긍정적인 동기부여가 됩니다. 배당과 공수를 따져봤을 때, 광고 수수료가 붙는 유튜브 영상보다 효과적이기도 하고요. 이전보다 크리에이터가 콘텐츠를 즐겁게 올릴 수 있는 환경이 마련된 셈이죠.

오　　얼마 전 5분 이내의 숏폼 콘텐츠를 전문으로 하는 채널 〈숏박스〉의 김원훈이 〈SNL 코리아〉에 정식으로 합류했습니다. 공영방송인 KBS의 코미디쇼에 출연했던 공채 개그맨인데, 〈숏박스〉로 이름을 알리게 된 경우입니다. 숏폼 콘텐츠를 다루는 크리에이터가 주류가 된 셈이죠. 어떻게 보면 콘텐츠 트렌드가 소셜 미디어에서 출발하는 전복이 이루어진 겁니다. 시청자 입장에서도 빠르게 콘텐츠를 시청하다 보니 좀 더 자신의 취향에 맞는 영상과 크리에이터를 찾아보며 짧은 시간 내에 옥석을 알아볼 수 있는 환경이 조성되지 않았나 싶습니다.

안　　맞습니다. 이제 웬만한 TV 프로그램보다 핫한 숏폼 채널에 출연하거나 컬래버레이션을 하는 게 훨씬 더 의미 있는 시대가 왔습니다. 10초 분량의 밈 하나가 터지면 몇 개월간 각종 섭외와 문의가 끊이질 않습니다. 크리에이터가 '유튜버'로 묶이던 시절에는 뉴미디어가 올드미디어로 가는 등용문이라고 여겨졌다면, 지금은 오히려 반대가 됐어요. 가령 방송작가들이 틱톡커를 섭외하려고 해도 그들이 출연하지 않으려 해요. 방송은 출연

료도 적고 녹화 시간은 길기 때문에, 본인 채널 콘텐츠에 집중하는 게 더 나은 거죠. 게다가 틱톡커가 소통하는 팔로워는 그들에게 애착을 가진 팬이 다수인데, TV에 출연하게 되면 악플이나 부정적인 반응을 감내해야 합니다.

오 그 부분에서 흥미로운 대목이 읽힙니다. 바로 팬더스트리**Fan+Industry**입니다. 숏폼을 소비하는 주체는 크게 두 갈래로 분류됩니다. 구독자 또는 우연히 콘텐츠를 발견한 잠재적 구독자. 여기서 구독자의 규모는 곧 팬덤의 영향력을 뜻합니다. 구독이라는 행위를 통해 크리에이터를 팔로우하면서 팬이 되고, 이들이 모이면 모일수록 팬덤이 견고해집니다. 그렇게 팬덤이 형성되면 크리에이터가 광고 콘텐츠를 발행해도 좀 더 호의적인 감정이 발생합니다. 내가 신뢰하는 크리에이터가 추천하거나 착용하는 상품에 대한 호감도가 높아지는 거죠. 정리하자면 구독한다는 행위 자체가 개개인의 취향에 기반하기 때문에, 구매하고자 하는 소비자와 브랜드를 다이렉트로 연결하는 통로가 생겼다는 겁니다.

이렇게 변화하는 시장에서는 광고 에이전시의 역할이 커질 겁니다. 기존 광고 에이전시는 매체를 핸들링하고 기술적인 부분을 담당했습니다. 콘텐츠를 어떻게 만들고 광고를 어느 시점에 집행해야 할지를 연구했습니다. 이제 에이전시의 역할은 조금 더 뾰족해졌습니다. 채널이나 크리에이터 풀을 확보하고, 이를 통해 타기팅할 수 있는 팬덤을 분석하여 조합을 짜주는 겁니다. 예컨대 저는 공예나 제작 영상을 좋아하는데요. 특히 이와 관련한 유튜브 쇼츠를 보는 걸 좋아합니다. 인스타그램에서는 실력이 좋은 크리에이터를 팔로우해서 그의 팬이 되기도 하고요. 제 피드에 공예 제품에 관한 광고 영상이 뜨거나 공예를 전문으로 하는 크리에이터가 PPL 제품을 올린다면 어떨까요? 스쳐 지나가는 숏폼 콘텐츠보다 훨씬 설득력 있게 다가올 겁니다. 브랜드를 찾아보거나 구매를 결정하는 '행동'으로 이어질 가능성도 크겠죠.

Q 지금까지 숏폼 콘텐츠는 크리에이터 중심으로 운영됐습니다. 최근에는 숏폼에 뛰어드는 미디어나 브랜드가 늘고 있는데요.

슴씨 방송사가 뉴미디어 채널을 별도로 운영하는 현상이 당연해졌는데, 최근에는 숏폼을 주제로 하는 시리즈가 많이 생겨났습니다. TV 예능의 하이라이트를 짧은 클립 형태로 제작해 '미끼'로 활용하는 경우가 많습니다. 숏폼을 통해 본편 영상을 시청하게 하거나 아예 외부 채널로 전환할 수 있도록 하는 거죠.

안 앞서 넷플릭스 영화를 보려면 큰맘 먹고 플레이 버튼을 눌러야 한다고 말했는데요. 영화 내용을 5분 이내로 짧게 요약하거나, 배우의 킬링 파트를 짜깁기한 콘텐츠는 그런 부담감이 현저히 낮습니다. 가령 내가 A라는 배우를 좋아한다고 하면, A 배우가 신작에서 먹방을 보여주는 장면을 몇 번이고 돌려 보는 거죠. 그러다 보면 본편이 궁금해지고 앞뒤 줄거리가 어떤지, 잠깐씩 비치는 배우는 누구인지에 대한 궁금증이 생깁니다. 숏폼이 롱폼으로 가는 발판이 되는 겁니다.

오　〈SNL 코리아〉에서도 말씀해주신 방식을 잘 활용하고
　　있습니다. 본편을 보기 위해서는 '쿠팡플레이'를 다운로
　　드하고 회원이 돼야 한다는 허들이 있으니까요. 유튜브
　　에 하이라이트 클립을 업로드하고, 그 클립을 더 쪼개
　　밈 형태의 쇼츠로 제공합니다. 단기간에 콘텐츠의 매력
　　을 '찍먹' 할 수 있는 포인트를 10~20초만 보여주는 거
　　죠. 시시각각 바뀌는 숏폼 트렌드에 탑승하는 것도 중
　　요합니다. 숏폼 트렌드를 매 시간 살피는 '숏폼 상황실'
　　을 만들어서 '치고 올라가는' 트렌드를 빨리 발견하고
　　초기에 올라타야 합니다. 〈SNL 코리아〉가 소셜 미디어
　　에서 화제성을 유지할 수 있었던 데는 트렌드를 읽는
　　눈이 큰 몫을 했습니다.

Q 웹 3.0 시대, 숏폼은 새로운 비즈니스 모델이 될까요?

슴씨 이제 플랫폼의 경쟁력은 더 많은 정보나 기술력이 아니라 더 나은 비즈니스 모델을 만들고 그것을 선점할 수 있는가에 달려 있습니다. 숏폼이 하나의 플랫폼으로 정착하려면 생태계 안 주체들은 어떤 가치와 비전, 가능성을 가지고 지속 가능한 성장을 이야기할 수 있을까요?

오 제작자 입장에서는 콘텐츠를 만드는 데 들어간 비용을 충당할 수 있는 시스템이 필요합니다. 이게 곧 콘텐츠의 '지속 가능성'으로 이어지기 때문이죠. 사실 롱폼은 어느 정도 선방할 수 있는 비즈니스 모델이 존재해요. 영화는 건당 계약금을 받고, OTT라는 구독 경제에 입성하면 넉넉한 제작비를 받으니 위험 부담이 덜합니다. 이러한 시스템을 확립 중인 숏폼에서는 아직까지는 광고에 의존하거나, 콘텐츠를 만들어내는 크리에이터를 양성하는 비즈니스 모델의 가능성이 커 보입니다.

슴씨 중국판 틱톡 더우인은 현지에선 라이브 커머스 플랫폼으로 자리매김했습니다. 단순하게 보면 재미있는 콘텐츠를 시청하면서 구매까지 가능하다는 게 최대 장점인데, 그 이면을 살펴보면 팔로워와 활발하게 소통하는 크리에이터의 힘이 컸습니다. 더우인 크리에이터가 라이브 커머스로 진출했듯이, 국내 숏폼 크리에이터도 커머스라는 비즈니스를 만나면 어떻게 커질까요?

안 사실 숏폼이 커머스로 넘어가기까지는 많은 과제가 남아 있습니다. 더우인과 달리 국내 숏폼에는 아직 숏폼을 통해 구매를 경험한 사용자가 적고, 워낙 콘텐츠가 짧다 보니 브랜드나 제품을 인지시키는 것 이상의 역할을 수행하기가 쉽지 않은 게 사실입니다. 일단은 숏폼에서 가볍게 짧은 영상만 보고서라도 구매할 수 있는 저관여제품을 통해 구매 경험을 선사하는 것이 중요합니다. 또한 크리에이터에 대한 충성도를 높이는 것도 중요한 전략입니다. 롱폼에 비해 구독자들과 가치관이나 라이프스타일을 공유하는 정도와 깊이에 한계가 있기 때문에 이를 극복하기 위한 고민이 필요합니다.

숏폼을 단 하나의 키워드로 정리해볼까요?

오 콘텐츠를 음식에 비유하자면, 숏폼은 '식욕을 돋우는 향'이라고 생각해요. 의식하고 고민하지 않아도 코라는 감각기관을 통해 들어와 곧바로 다음 행동을 유도하죠. 제과점에서 풍겨 나오는 갓 구운 빵 냄새에 홀린 듯 걸음을 멈추게 되는 것처럼요. 그렇게 되려면 우선 빵 냄새를 멀리 퍼지게 하는 작업이 필요합니다. 이를테면 콘텐츠가 대세감을 형성할 수 있도록 노출을 높이고 팬더스트리에 기반하여 시청자를 팬으로 유입하는 작업입니다.

안 크리에이터 입장에서 숏폼은 '엘리베이터 스피치'입니다. 엘리베이터 스피치란 60초 이내에 투자자를 설득하는 멘트입니다. 15초로 호기심을 유발하고 브랜드와 제품을 인지시키는 게 숏폼과 꼭 닮았습니다. 숏폼의 성패는 키워드와 소재를 짧은 시간에 어떻게 흥미롭게 보여주느냐에 달려 있습니다. 크리에이터가 재미있게 참여하고, 시청자가 스와이프하지 않는 콘텐츠가 다음 단계를 만듭니다.

슴씨 우리는 콘텐츠 커머스의 관점으로 숏폼을 봅니다. 1부에서 정리한 '미러링 컨슈머'라는 키워드가 '미러링 커머스'로 확장될 거라 믿습니다. 앞선 주제에서 이야기했듯이 지금 숏폼은 커머스 플랫폼으로 가는 과도기에 있습니다. 숏폼 콘텐츠를 통해 브랜드 제품이나 서비스를 인지하는 사용자는 많지만, 즉각 구매를 결정하는 비율은 높지 않습니다.

하지만 크리에이터가 콘텐츠 제작자이자 판매 주체로서 적극 관여한다면 어떨까요? 크리에이터는 사용자의 소구점을 확실히 이해하고, 이들을 어떻게 설득하는지를 통달한 전문가입니다. 같은 패션 아이템을 광고한다고 해도 패션 브랜드 담당자와 패션 전문 크리에이터가 기획한 콘텐츠는 다를 수밖에 없습니다. 유명 연예인을 모델로 기용하는 것과 크리에이터를 활용하는 방법을 비교해봐도 좋습니다. 전자가 대중을 상대로 한 브랜딩에 그친다면, 후자는 타깃에 최적화된 맞춤형 전략입니다. 크리에이터를 통해 사용자가 구매 페이지로 가는 버튼을 클릭하도록 유도하는 것. 여기서 '콘텐츠 애즈 퍼포먼스'Content ads performance라는 새로운 비즈니스 모델을 구상할 수 있습니다. 콘텐츠이면서 데이터로 측정 가능한 성과, 즉 전환을 일으키는 광고 형태입니다. 물론 여기에는 타깃에 맞는 크리에이터를 분석하고 적합한 콘텐츠를 연구하는 광고 에이전시의 역할이 결정적입니다. 브랜드, 에이전시, 크리에이터 삼위일체가 숏폼의 영역을 어디까지 확장해갈 수 있을지 기대됩니다.

참고 문헌

"中 '트래픽' 둘러싼 플랫폼 전쟁…더우인 히트지수 1위", 〈CNC news〉, 2021년 9월 9일.

"티몬, 틱톡과 2년 뒤 9조 원 라이브 커머스 시장 잡는다", 〈조선비즈〉, 2021년 10월 7일.

"중국 영상플랫폼 업체도 '페이 전쟁'에 속속 합류", 〈아주경제〉, 2021년 11월 24일.

"설화수 · 후가 올해 광군제서 재도약한 이유", 〈아주경제〉, 2021년 11월 14일.

"페이스북과 인스타그램은 왜 IGTV를 출시했을까", 〈블로터〉, 2018년 8월 8일.

"인도네시아 인스타그램과 소비 행태 변화", 〈KOTRA 해외시장뉴스〉, 2020년 9월 2일.

"부담 없이 Z세대 홀리는 '15초 마법'−'더 재미있게' 숏폼 플랫폼 춘추전국 시대", 〈DBR〉, 2020년 12월.

"아바타로 소통하는 10대들의 놀이터 메타버스 세상 들여다보니…", 〈조선일보〉, 2021년 11월 22일.

"'동영상 이력서' 실험하는 틱톡, Z세대 놀이판서 탈피?", 〈더피알〉, 2021년 7월 12일.

"'오징어 게임은 TV 문화 혁명의 시작' BBC가 꼽은 5가지 이유", 〈조선일보〉, 2021년 12월 9일.

"M "Z의 철없는 명품소비"…'가까운 듯 먼' 그들, 세대 갈등 빚나", 〈MoneyS〉, 2021년 9월 14일.

"고객이 주도해 새로운 이어 찍기 트렌드를 만든 브랜드 해시태그 챌린지", 〈틱톡 포 비즈니스〉, 2021년.

"'숏폼'이 뜬다…틱톡 · 인스타 · 유튜브 3파전 확대", 〈이투데이〉, 2021년 9월 14일.

"YouTube 문화 트렌드 리포트를 통해 알아보는 동영상의 미래", 〈Think with Google〉, 2021년 6월.

"이틀에 수천만 원 벌어들인 챌린지, '제로투 댄스' 뭐길래?", 〈일요시사TV〉, 2021년 7월 14일.

"'똥 밟았네' 뮤비 490만 신화…비결은 '한국적인 것'", 〈MBN〉, 2021년 7월 24일.

"유튜브 OTT 포기·숏폼 올인…틱톡·인스타그램 정조준", 〈아이뉴스24〉, 2022년 1월 23일.

"'인증샷 성지' 잠실 상륙한 '벨리곰'…'러버덕·슈퍼문' 넘어설까", 〈이코노미스트〉, 2022년 4월 8일.

"존재하지 않았던 또 하나의 시장, '메타 패션'을 잡아라", 〈어패럴뉴스〉, 2022년 4월 12일.

"인스타그램, '상품 태그' 모든 미국 이용자로 확대", 〈지디넷코리아〉, 2022년 4월 19일.

"숏폼으로 성공한 틱톡은 왜 롱폼 도전에 나설까?", 〈티타임즈〉, 2022년 2월 28일.

"'슈퍼볼'이 갈수록 천문학적인 '돈잔치'가 되는 이유는", 〈글로벌이코노믹〉, 2022년 2월 14일.

"유튜브 쇼츠, 광고 도입한다", 〈지디넷코리아〉, 2022년 4월 28일.

"Why vertical is the future of the content", 〈MakeStories〉, 2021년 12월 23일.

"2021년 대한민국 총광고비, 전년比 20.4% 증가한 13조 9889억 원", 브랜드브리프, 2022년 2월 10일.

"메타 파트너 어워즈 2021, 14개 파트너 시상", 위클리포스트, 2021년 12월 6일.

"〈2021년 12월 동영상 광고 현황〉", 리서치애드, 2021년 12월.

"인스타그램, '짧은 동영상'에 집중…하이퍼랩스와 부메랑 앱 삭제", 테크M, 2022년 3월 10일.

"숏폼 플랫폼 '틱톡', 영상 길이 최대 10분까지 늘린다", 블로터, 2022년 3월 1일.

"기록형 텍스트 SNS 부활 신호탄 '오늘의 나를 기록합니다'", 매일경제, 2022년 3월 10일.

"30일만 하면 습관이 달라진다?"…뜨고 있는 '30일 챌린지'", 센머니, 2021년 3월 3일.

"'우는 얼굴' 필터 인기…Z세대 놀이문화 된 AR, 이제는 직접 만든다", 뉴스1, 2022년 6월 1일.

"페이스북 모회사 메타, 사상 첫 분기 매출 감소…광고 수익 타격", 아시아경제, 2022년 7월 28일.

《유튜브 트렌드 2021》, 김경달 · 씨로켓리서치랩, 이은북, 2020.

"소셜 영상과 컬러 마케팅의 융합을 통한 새로운 소셜 영상 기법", 〈한국컴퓨터정보학회논문지〉, 임승애 · 최학현, 2014년 2월.

"2018 디지털 동영상 이용 행태 조사", 〈메조미디어〉, 2018년 11월.

"지금 여기 숏폼 콘텐츠에 대해 묻다", 〈한국콘텐츠진흥원 방송 트렌드&인사이트 Vol.23〉, 2020년 8월.

〈콘텐츠 머니타이제이션〉 공모전 소개

〈제1회 콘텐츠 머니타이제이션〉 공모전

콘텐츠 머니타이제이션 공모전은 2021년 더에스엠씨그룹 산하 콘텐츠연구소 동명의 단행본 〈콘텐츠 머니타이제이션〉의 출간에서 시작됐습니다. 브랜드와 소비자를 잇는 뉴미디어 콘텐츠 확장을 목적으로 합니다.

제 1회 공모주제는 더에스엠씨그룹 연관 7개 브랜드 우리은행, LH 한국토지주택공사, LG생활건강 피지오겔, 방구석연구소, 이십세들, 보고쿡, 피피픽을 대상으로 소셜미디어 및 커머스 마케팅 아이디어 기획이었습니다.

총 412건의 기획안이 출품됐으며, 그 중 16건의 기획안이 본선에 진출했습니다. ▲대상 ▲최우수상 ▲우수상 ▲입상 수상자에게는 소정의 상금과 함께 더에스엠씨그룹 인턴 체험 기회를 제공했으며, 대상 수상자에게는 한국광고총연합회 회장 명의의 상을 수여했습니다.

〈제2회 콘텐츠 머니타이제이션〉 공모전 모집

더에스엠씨그룹은 광고산업의 경쟁력이 꾸준한 연구와 인적자원에 있다는 신념을 바탕으로 적극적인 노력을 기울이고 있습니다. 〈콘텐츠 머니타이제이션〉 공모전은 뉴미디어를 빠르게 이해하고 이를 적용할 인력을 양성하는 것을 목적으로 합니다. 마케터를 꿈꾸는 대학생들이 어떤 방식으로 '콘텐츠 머니타이제이션'을 제안하는지를 나누고, 이를 실행할 발판을 제공합니다.

또한 참여 브랜드가 플랫폼의 변혁에 맞춰 마케팅을 해석하고, 새로운 세대와의 거리를 좁힐 시간이 되길 기대합니다. 소비자가 바라보는 브랜드 마케팅의 현황을 짚어 보면서 신선한 아이디어로 크리에이티브를 깨는 기회가 되리라 믿습니다.

수상자에게는 적극적인 교육 이수와 함께 더에스엠씨그룹에서 유관 브랜드 실무를 체험할 수 있는 인턴십 프로그램을 지원합니다. 참여 브랜드는 부문별 과제를 선정하고 수상작을 심사할 수 있는 권한이 있습니다.

**콘텐츠 머니타이제이션 공모전에
지원하고 싶은 대학생, 참여하고 싶은 브랜드라면?**

SMC CLASS 바로가기